Los relatos de la Pasión y Resurrección de Jesús:
Un comentario

Los relatos de la Pasión y Resurrección de Jesús: *Un comentario*

Stephen J. Binz

Traducido por
Rosa María Icaza, C.C.V.I.

LITURGICAL PRESS
Collegeville, Minnesota

www.litpress.org

Diseño de portada por Ann Blattner. *Transfigured Christ on a Tau Cross,* Peter Watts.

Nihil obstat: Sr. Renee Domeier, Censor deputatus.

Imprimatur: ✠ John F. Kinney, Obispo de St. Cloud, el 6 de octubre del 2006.

1 2 3 4 5 6 7 8 9

Library of Congress Cataloging-in-Publication Data

Binz, Stephen J., 1955–
[Passion and Resurrection narratives of Jesus. Spanish]
Los relatos de la Pasión y Resurrección de Jesús : un comentario / Stephen J. Binz ; translator, Rosa María Icaza.
p. cm.
ISBN-13: 978-0-8146-2806-5
ISBN-10: 0-8146-2806-0
1. Bible. N.T. Gospels—Commentaries. 2. Passion narratives (Gospels) 3. Jesus Christ—Resurrection—Biblical teaching. I. Title.

BS2555.3.B5618 2006
226'.077—dc22 2006018977

Índice

Prefacio

Aunque hice estudios bíblicos, paso mi vida especialmente en servicio pastoral. Es desde esta combinación de investigación y ministerio que se ha escrito este libro. La pasión y resurrección es el corazón de las Sagradas Escrituras; es también el corazón de la fe, de la liturgia, y de la oración. Usando los contínuos estudios bíblicos de muchas otras personas, he sintetizado y remodelado las investigaciones para el beneficio de un público más grande. Espero que las explicaciones e ideas contenidas en este libro enriquezcan la fe, el culto, y la oración de todos los que miran a Jesús crucificado y resucitado como la fuente de toda vida.

Aunque este libro representa muchas horas solitarias, es especialmente el resultado de una comunidad de personas. Le agradezco al obispo, Mons. Andrew McDonald, por haberme animado en mi enseñanza y escritos bíblicos en medio de mi ministerio pastoral, a mis estudiantes por su reto continuo, y a mis feligreses con quienes tengo el privilegio de compartir la vida de Cristo a través de la Palabra y de la Eucaristía. Mi fuente constante de entusiasmo y sugerencias son los participantes y líderes en el programa de Estudio Bíblico de Little Rock, especialmente el P. Richard Oswald, Lilly Hess, y Matt Mattingly. Le doy las gracias a Grez Wolfe por sus sugerencias y al P. Jerome Kodell, O.S.B., por animarme a escribir. También le agradezco a Cackie Upchurch su generosa ayuda por escribir a máquina el manuscrito y por su ánimo. Sobre todo, le doy las gracias a mi madre y a mi padre, que son mi fuente continua de fe y vida, y a quienes les dedico esta obra.

Stephen J. Binz

Introducción

El verdadero centro de la Buena Nueva del cristianismo es la pasión, muerte, y resurrección de Jesús. San Pablo afirma el mensaje central de la más antigua proclamación de la Iglesia: "Porque yo les transmití, en primer lugar, lo que a mi vez recibí: que Cristo murió por nuestros pecados según las Escrituras, y que fue sepultado; que resucitó al tercer día según las Escrituras, y que se le apareció a Pedro y luego a los Doce" (1 Cor 15, 3-5). Todos los escritos del Nuevo Testamento muestran que la pasión, muerte, y resurrección fue la culminación de la misión de Jesús y llevó todas sus palabras y hechos de su vida a un clímax.

Los relatos de la pasión y resurrección en cada uno de los cuatro Evangelios son notablemente parecidos, si se toma en cuenta las grandes diferencias en tiempo y circunstancias en las cuales escribió cada autor. Las similitudes en los eventos, la secuencia, los personajes, y el vocabulario señalan la antigüedad de las tradiciones y el profundo respeto de cada escritor por los recuerdos históricos de los discípulos originales.

Sin embargo cuando se comparan los relatos de los cuatro Evangelios lo que sobresale aún más claramente son las diferencias. Con mucha frecuencia nos apresuramos a tratar de reconciliar las diferencias en lugar de tratar de entender lo que esas diferencias significan. Cada escritor nos provee una contribución profundamente distinta para que podamos comprender a Jesús y sus actos salvíficos. Al escribir en un contexto cultural diferente y en circunstancias nuevas para la comunidad cristiana, cada evangelista presentó las tradiciones primitivas de una manera nueva. No fue la preocupación principal de cada autor el presentar una biografía detallada; al contrario, todos ellos interpretaron el significado de las palabras y hechos de Jesús según los escucharon de la predicación apostólica y siguieron la guía del Espíritu Santo. La palabra viva se revistió de una nueva forma según las necesidades y circunstancias de cada comunidad y de cada generación de cristianos.

La predicación primitiva de la Iglesia proclamaba que la pasión, muerte y resurrección de Jesús eran "según las Escrituras." A través de la guía del Espíritu Santo, la Iglesia llegó a ver cómo los hechos salvíficos de Jesús llevaron la historia salvadora del pueblo de Dios a un cumplimiento culminante. Se dieron cuenta cómo, por medio de la lectura orante y litúrgica de las Escrituras Hebreas, la tragedia y el triunfo que ellos habían experimentado en Jesús estaba en conformidad con la voluntad de Dios. Al escribir sus narraciones, los evangelistas tomaron las palabras de los profetas, las oraciones de los salmos, y otros textos, para ayudar a la Iglesia a ver la presencia de Dios en los eventos pascuales.

Claramente las narraciones de la pasión y resurrección están matizadas por la relación de la iglesia y de la sinagoga en cada generación y lugar en particular. Las acusaciones de los líderes judíos, el retrato de Pilato, y las reacciones de los judíos y de los romanos al final de los eventos en la vida de Jesús varían en cada Evangelio según el clima religioso y político en el cual vivía el autor. Las generalizaciones hostiles sobre el pueblo judío, tales como "todo el pueblo" en San Mateo, y "los judíos" en San Juan, reflejan desarrollos posteriores en tiempos de competencia y persecución. Acusaciones simplistas sobre la culpa por la muerte de Jesús, tan bien conocidas de nuestra historia dolorosa, ocurren cuando leemos los Evangelios tan literalmente que faltamos en no interpretarlos críticamente.

Cada Evangelio nos presenta una figura diferente de Jesús. Así como una escena se puede fotografiar desde varios ángulos diferentes para darnos un aprecio mayor de la realidad, la persona de Jesús puede conocerse mejor y comprenderse más plenamente al tener los cuatro ángulos diferentes. Se nos dan todos ellos por el Espíritu Santo que los inspira, sin embargo, ninguno de ellos agota la plenitud de quien es Jesús.

Por medio de un examen detallado de los relatos de la pasión y resurrección en cada Evangelio, podemos experimentar la persona de Jesús más profundamente. Por medio de la reflexión sobre estas narraciones, podemos comprender más plenamente los eventos centrales de nuestra fe cristiana. Al ver cómo cada escritor respondió al misterio de Jesús en su propia vida, podemos entrar más completamente en la muerte y resurrección salvífica de Jesús para nosotros mismos.

Los relatos evangélicos no son sólo memorias del pasado; son una realidad viva para el presente. Como los cristianos primitivos, podemos identificar aspectos de nuestra vida con los discípulos temerosos, los enemigos hostiles, las multitudes vacilantes, el traidor, y el que negó a Jesús. Sin embargo, sobre todo, a través de la lectura de los Evangelios buscamos conformar nuestra vida con la vida de Jesús. Él no fue sólo una víctima de las circunstancias, sino su sufrimiento y muerte fueron el resultado inevitable de sus compromisos. Si conformamos nuestra vida con su pasión, no sólo seremos más capaces de soportar nuestro propio sufrimiento, sino también cargaremos activamente la cruz, el resultado necesario de una vida comprometida con los demás. Igualmente, en la resurrección, no sólo se nos asegura la vida eterna, sino también se nos capacita para vivir la única clase de vida digna de vivirse eternamente.

La Pasión y Resurrección Según San Marcos

Empezamos nuestro estudio de los relatos de la pasión y resurrección con el Evangelio de San Marcos. Aunque los relatos fueron formados dentro de la tradición temprana de la comunidad cristiana, las narraciones escritas por San Marcos son los relatos más antiguos que tenemos de la pasión y resurrección de Jesús. Las narraciones de San Marcos son también de mucha importancia porque son la fuente principal de los Evangelios de San Mateo y de San Lucas, y posiblemente aún de San Juan.

Aunque la pasión y la resurrección forman los capítulos culminantes finales del Evangelio de San Marcos, la cruz está presente en toda la vida de Jesús. Por todo su Evangelio, San Marcos muestra cómo Jesús carga con su cruz al escoger un estilo de vida que inevitablemente lleva al rechazo, al sufrimiento, y a la muerte. El apostolado de Jesús provoca controversia tanto en Galilea como en Jerusalén. Estos conflictos con las autoridades religiosas llevan a que se conspire contra Jesús para matarlo (3,6; 11,18). La pasión de San Juan Bautista anticipa la pasión de Jesús porque muestra que el destino de un profeta es el sufrimiento y el rechazo.

La pregunta de Jesús: "¿Quién dices que soy yo?" (8,29) crea la fuerza centrífuga de todo el Evangelio. La pregunta implica que el Evangelio trata sobre la identidad de Jesús y del esfuerzo de los discípulos por entender esa identidad. Desde el principio se le dice al lector que Jesús es el Mesías y el Hijo de Dios (1,1), y los discípulos continuamente tratarán de entender esa identidad de Jesús. En sus tres predicciones de sufrimiento, muerte y resurrección (8,3; 9,31; 10,33-34). Jesús revela que su identidad se da a conocer a través de su destino. Al usar el título: Hijo del Hombre, Jesús muestra que no se le puede entender como triunfador excepto por medio de su sufrimiento y muerte.

Jesús se revela más plenamente en la cruz. Él, quien es totalmente abandonado por todos sus discípulos y aparentemente aún por Dios, es en verdad el Hijo de Dios. La muerte de Jesús se vuelve el momento de la revelación, cuando la identidad escondida de Jesús se da a conocer plenamente. A través de la paradoja de la cruz, el discípulo verdadero es capaz de comprender el significado pleno del mesiazgo de Jesús.

La cruz no sólo revela la identidad total de Jesús, sino es también la prueba del discipulado verdadero. "Pero el que pierda su vida por mí y por la buena noticia, la salvará" (8,35). Un discípulo es el que da voluntariamente la vida por los demás como Jesús lo hizo. También se conspirará en contra de los discípulos, serán traicionados, negados, ridiculizados, abandonados y perseguidos al anticipar la venida gloriosa de Jesús. El sufrimiento, la muerte, y el triunfo de Jesús es también la pasión de la comunidad de sus discípulos.

El Evangelio según San Marcos no es una tragedia. El Reino de Dios ya está presente en Jesús y en su comunidad, sin embargo está oculto en humildad, sufrimiento, y persecución, así como la identidad gloriosa de Jesús está oculta en su pasión. El Evangelio anticipa el futuro pues Jesús confía que el Padre lo resucitará de la muerte. Abandonado por sus seguidores, Jesús sabe que él irá otra vez a Galilea a reunir su rebaño dispersado. Allí los guiará en el camino del discipulado mientras ellos anticipan su venida gloriosa.

San Marcos 14,1-2

> **La conspiración contra Jesús.** 1Faltaban dos días para la fiesta de la
> pascua y de los panes sin levadura. Los jefes de los sacerdotes y los
> maestros de la ley andaban buscando el modo de arrestar a Jesús
> con engaño y darle muerte, 2pero decían: "Durante la fiesta no; no
> sea que el pueblo se amotine."

San Marcos empieza su relato de la pasión poniendo estos últimos eventos dentro del contexto de la celebración de la pascua judía. Cada año la pascua conmemoraba la redención de los israelitas de la esclavitud a la libertad. Empezaba, como todas las fiestas judías, al caer el sol. En la tarde anterior a la fiesta, se sacrificaba el cordero pascual en el Templo. Con la cena pascual esa tarde, se recontaban y recordaban los eventos del Éxodo. Sólo se comía pan sin levadura en la cena y por siete días después, recordando la salida presurosa de Egipto y las aflicciones en el desierto. Como la Pascua se celebraba a partir de la caída del sol el jueves hasta la caída del sol del viernes, la cronología de San Marcos pondría el principio de la conspiración contra Jesús el miércoles.

San Marcos identifica a los jefes de los sacerdotes y a los escribas varias veces durante su Evangelio. Los escribas eran los abogados y teólogos del tiempo. El conflicto de Jesús con ellos empieza desde el principio del Evangelio (1,22) y llega a su clímax en la pasión. Los jefes de los sacerdotes servían como consejeros de los sumos sacerdotes de Jerusalén. Jesús empieza a mencionarlos en sus predicciones de la pasión (8,31). A través de toda la segunda mitad del Evangelio, Jesús continuamente predice que los líderes religiosos lo entregarán a la muerte. Los líderes religiosos decidieron no arrestar a Jesús durante la fiesta porque temían su impacto sobre las multitudes. Sin embargo, no tienen el control y Jesús morirá el mismo día en que la fiesta de liberación de Israel toma lugar.

San Marcos 14,3-9

Unción en Betania. 3Estaba Jesús en Betania, en casa de Simón el
leproso, sentado a la mesa, cuando llegó una mujer con un frasco de
alabastro lleno de un perfume de nardo puro, que era muy caro.
Rompió el frasco y lo derramó sobre la cabeza de Jesús. 4Algunos,
indignados, comentaban entre sí: "¿A qué se debe semejante de-
rroche de perfume? 5Podía haberse vendido este perfume a un pre-
cio muy alto y haber dado el dinero a los pobres." Y la criticaban.
6Pero Jesús les dijo: "Déjenla. ¿Por qué la apenan? 7A los pobres los
tienen siempre con ustedes y pueden socorrerlos cuando quieran,
pero a mí no me tendrán siempre. 8Ha hecho lo que ha podido. Se ha
anticipado a ungir mi cuerpo para la sepultura. 9Les aseguro que en
cualquier parte del mundo donde se anuncia la buena noticia será
recordada esta mujer y lo que ha hecho."

Betania, donde Jesús se hospedaba durante su estancia en Jerusalén, era una aldea pequeña al borde del Monte de los Olivos. No se provee ninguna información sobre Simón el leproso, pero San Marcos muestra cómo Jesús continuaba comiendo con los marginados de la sociedad. Aquí le presta atención a una mujer sin nombre. La historia de cómo ungió a Jesús está en contraste con la conspiración y traición de las escenas que le preceden y le siguen.

El frasco de perfume era un ungüento raro y costoso. El que la mujer lo derramara en la cabeza de Jesús es una referencia clara a la unción de los reyes en el Antiguo Testamento. La unción de Jesús es un signo de su mesiazgo real, el cual recibe énfasis durante su estadía en Jerusalén (11,1-10). Este gesto extravagante fue desafiado por algunos de los espectadores quienes sostenían que esos trescientos denarios podían haberse dado a los pobres. El dar limosna era una obligación importante, especialmente durante la Pascua.

La respuesta de Jesús es mal interpretada algunas veces como afirmando que la pobreza es inevitable. Su respuesta es un eco del Deuteronomio 15,11, que en realidad es un mandato de dar a los pobres y necesitados. Jesús les recuerda que después de su partida, los pobres se quedarán para que los cuiden. Aquí se resalta claramente que no siempre tendrán a Jesús debido a su inminente muerte. Jesús interpreta el verdadero significado de la escena, un signo profético que señala su muerte.

La mujer es capaz de comprender su muerte cercana y responde de una manera muy generosa. Lo que ella ha hecho se contará en memoria de ella porque en medio de la traición, esta mujer mostró la respuesta de un discípulo verdadero. Ella y muchas otras mujeres en el Evangelio (12,42-44; 15,40-41) responden mucho más auténticamente que el grupo íntimo de los discípulos de Jesús.

San Marcos une este relato a su narración de la pasión. Es un recuerdo simbólico de la muerte y resurrección de Jesús. Es una unción para el entierro, puesto que el Sábado, que empezará prontamente, no daría tiempo para la unción acostumbrada después de su muerte. La historia también señala a la resurrección que hará imposible la unción por las mujeres en la tumba.

El versículo 9 se refiere al mensaje universal del Evangelio, el cual Jesús desea que la comunidad le proclame "a todas las naciones" (13,10). Esta historia se seguirá contando porque es la buena noticia de la muerte salvadora de Jesús y un llamado a responder a ella con un servicio generoso.

San Marcos 14,10-11

Traición de Judas. 10Judas Iscariote, uno de los Doce, fue a hablar con los jefes de los sacerdotes para entregarles a Jesús. 11Ellos se alegraron al oírlo, y prometieron darle dinero. Por eso buscaba cuál sería el momento oportuno para entregarlo.

San Marcos conecta esta escena con el resto del Evangelio al afirmar que Judas Iscariote era uno de los Doce. Jesús había escogido a Judas, como uno de los Doce, para estar con él y le había dado una parte en su enseñanza y misión. Esta escena es un contraste marcado con la escena memorable que le precede del discipulado verdadero. La mujer responde generosamente con un perfume caro, mientras que Judas traiciona a Jesús por dinero. San Marcos usa la escena como contraste para todos los discípulos futuros de Jesús sobre el discipulado verdadero con la falta de discipulado.

La palabra "entregarles" se usa varias veces en el Evangelio según San Marcos: desde la entrega de San Juan Bautista (1,14) a la entrega de Jesús, a la entrega futura de los discípulos (13,9). Los que preceden a Jesús como sus profetas y los que le siguen como sus discípulos son entregados cuando están cumpliendo su misión.

San Marcos no expresa el motivo de la traición de Judas. El evangelista resalta que Judas hizo libremente esta decisión trágica, aunque es parte del drama cósmico de la muerte de Jesús. Al buscar la oportunidad para entregarlo, la conspiración final se agudiza.

San Marcos 14,12-16

Preparativos para la Pascua. 12El primer día de la fiesta de los panes
sin levadura, cuando se sacrificaba el cordero pascual, sus discípulos
preguntaron a Jesús: "¿Dónde quieres que vayamos a preparar la
cena de pascua?" 13Jesús envió a dos de sus discípulos, diciéndoles:
"Vayan a la ciudad y les saldrá al encuentro un hombre que lleva un
cántaro de agua. Síganlo, 14y allí donde entre digan al dueño: El Mae-
stro dice: ¿Dónde está mi sala, en la que voy a celebrar la cena de
pascua con mis discípulos? 15Él les mostrará en el piso de arriba una
sala grande y bien alfombrada. Preparen todo allí para nosotros."
16Los discípulos salieron, llegaron a la ciudad, encontraron todo tal
como Jesús les dijo y prepararon la cena de pascua.

San Marcos muestra claramente que la cena que preparaban era una cena pascual. Continuamente le recuerda al lector la importancia de la fiesta central de Israel, fiesta de esperanza y liberación en el contexto de la pasión de Jesús. Ahora es jueves, el día antes de la Pascua, el día para matar al cordero pascual. El festival empieza en la tarde y por lo tanto todas las preparaciones necesitaban estar terminadas anteriormente.

Jesús da instrucciones detalladas a dos de sus discípulos para que fueran y prepararan el cuarto para la cena pascual. Encontraron al hombre que llevaba un cántaro de agua, algo raro pues generalmente sólo las mujeres llevaban el agua en tales cántaros, y encontraron todo exactamente como Jesús lo había predicho.

Esta instrucción demasiado detallada se parece a la preparación para la entrada triunfal de Jesús en Jerusalén (11,1-7). Allí se les instruyó a dos discípulos que fueran a una aldea vecina donde encontrarían un burro sobre el que nadie había montado todavía. Las dos escenas presentan un contraste: la primera es preparación para una entrada triunfal; la segunda, para una tragedia inminente. Ambas escenas muestran el conocimiento profético de Jesús y su modo deliberado de entrar en su pasión.

San Marcos 14,17-21

El traidor. 17Al atardecer llegó Jesús con los Doce. 18Y una vez que se
acomodaron, mientras cenaban, dijo Jesús: "Les aseguro que uno de
ustedes me va a entregar, uno que está cenando conmigo." 19Ellos
comenzaron a entristecerse y a preguntarle uno tras otro: "¿Acaso
soy yo?" 20El les contestó: "Uno de los Doce, uno que está comiendo
conmigo en el mismo plato. 21El Hijo del hombre se va, tal como está
escrito de él, pero ¡ay de aquél que entrega al Hijo del hombre! ¡Más
le valdría a ese hombre no haber nacido!"

La cena pascual está rodeada antes y después por la predicción de Jesús sobre la traición y la negación. San Marcos no nombra al traidor en esta escena; se refiere a todo discípulo que dude de su fe y se aleje. San Marcos deja saber a sus lectores que ellos podían ser los sujetos de esa misma clase de traición, alejamiento, y negación de Jesús.

La escena resalta que el traidor es un compañero íntimo de Jesús. Nótese la progresión: "uno de ustedes," "uno que está cenando conmigo," "uno de los Doce," "uno que está comiendo conmigo en el mismo plato." La traición se vuelve aún más grave conforme se afirma más y más la amistad.

Se lleva al lector a la respuesta sorprendente. Uno por uno de ellos le pregunta a Jesús: "¿Acaso soy yo?" Se le pide al lector que repita la pregunta a su vez. Es una falta que puede cometer todo discípulo.

En los salmos de lamentación el justo sufriente es traicionado por sus amigos. Salmo 41 (40), 10: "Hasta mi amigo íntimo, en quien yo confiaba, el que compartía mi pan, me traiciona" parece hacer eco particularmente aquí. (véase también Salmo 55 (56), 13-15).

Una vez más San Marcos resalta la libertad del traidor al escoger su acción. Nos recuerda que aunque la pasión de Jesús se desarrolla según la Escritura, el traidor tiene plena responsabilidad. La maldición profética señala la maldad de una traición.

San Marcos 14,22-26

Institución de la Eucaristía. 22Durante la cena, Jesús tomó pan, pro-
nunció la bendición, lo partió, lo dio a sus discípulos y dijo: "Tomen,

esto es mi cuerpo." [23]Tomó luego un cáliz, pronunció la acción de
gracias, lo dio a sus discípulos y bebieron todos de él. [24]Y les dijo:
"Esto es mi sangre, la sangre de la alianza derramada por todos.
[25]Les aseguro que ya no beberé más del fruto de la vid hasta el día
en que lo beba nuevo en el Reino de Dios." [26]Después de cantar los
himnos, salieron hacia el monté de los Olivos.

Las acciones de Jesús con el pan, según lo toma, lo bendice, lo parte, y lo da a sus discípulos, son los mismos gestos que hizo al dar de comer a los cinco mil y a los cuatro mil (6,41; 8,6). En los dos relatos de la multiplicación de los panes, el pan se convierte en un símbolo profundo de su misión mesiánica puesto que alimenta tanto a los judíos como a los gentiles. En la falta de los discípulos de comprender el significado de los panes (6,52; 8,17-21), San Marcos muestra su falta de comprender a la persona de Jesús y el significado de su misión.

En el banquete Eucarístico, Jesús va más allá e identifica el pan con su cuerpo, su mismo ser. En el momento en que Jesús va a ser entregado, maltratado, y condenado a muerte, esta acción ritual expresa el don de Jesús de sí mismo por los demás. Como Jesús partió el pan para las multitudes, expresando su misión como el Mesías, así su acción en el banquete expresa el acto final de esa misión cuando se entrega a sí mismo.

El cáliz se refiere a la muerte de Jesús en otros pasajes del Evangelio (10,38-45; 14,36). En cada pasaje, se invita a los discípulos a compartir el sacrificio de su muerte. "El beber del cáliz que Dios ha preparado" era una expresión judía para hablar sobre el martirio que un profeta tenía que sufrir. Al beber de él, los discípulos se unen a él compartiendo su muerte.

Jesús identifica el cáliz de vino con su sangre, la sangre de la alianza. Aquí evoca la alianza ratificada por Moisés (Exodo 24,8) al rociar la sangre del sacrificio sobre el altar y sobre el pueblo. Jesús está diciendo que su sangre, que será derramada en su muerte, establecerá una relación de alianza renovada. "Para muchos" es una expresión semítica que no está limitada, sino indica el alcance inclusivo de su misión (10,45).

Con otra frase profética "amén," Jesús da fin y esperanza a la escena. Ya no celebrará Él la Pascua con sus discípulos. Sin embargo, Jesús mira más allá de la muerte al banquete en el Reino de Dios. El vino del banquete es un símbolo del Antiguo Testamento para indicar la abundancia que hay en el Reino (Is 25,6-9). El cáliz de la muerte de Jesús se transformará en el vino del reino venidero. Así, la celebración de la Eucaristía es un recordatorio de la muerte salvadora de Jesús, y también una anticipación del reino.

El himno de acción de gracias que cantaron y que incluía los Salmos 114-118, concluía la cena Pascual. Estos himnos celebran el poder liberador de Dios llevando al pueblo a la libertad. Al salir del Monte de los Olivos, al cruzar el valle de Jerusalén, Jesús se prepara para cumplir con la Pascua para todos sus seguidores.

San Marcos 14,27-31

Anuncio de la negación de Pedro. 27 Jesús les dijo: "Todos me abandonarán, porque está escrito:

Heriré al pastor
y se dispersarán las ovejas.

28 Pero después de resucitar, me encontraré de nuevo con ustedes en
Galilea." 29 Pedro le respondió: "Aunque todos te abandonen, yo
no." 30 Jesús le contestó: "Te aseguro que hoy, esta misma noche,
antes de que el gallo cante dos veces, tú me habrás negado tres."
31 Pedro insistió: "Aunque tenga que morir contigo, jamás te negaré."
Y todos decían lo mismo.

Inmediatamente después de la Última Cena Jesús predice el abandono y la negación de parte de sus discípulos. Una vez más, cuando Jesús dice "Todos," San Marcos tiene la intención de incluir a sus lectores en esta predicción de un discipulado interrumpido.

Primero Jesús les dice a sus discípulos que todos caerán y titubearán en su fe. Aquí la palabra en griego literalmente significa: "se escandalizarán." San Marcos ha usado este verbo anteriormente para refirirse a un encuentro de un obstáculo que impide la fe de una persona. En la parábola del sembrador, la semilla que cae en tierra pedregosa es como aquellos que al principio reciben la palabra con gozo. Pero cuando llega la tribulación o persecución, enseguida se escandalizan. La fe de los discípulos no es suficientemente profunda para enfrentar la tribulación del sufrimiento y de la muerte.

Jesús explica la caída de sus discípulos citando a Zacarías 13,7. Con frecuencia se usan las ovejas y el pastor en las metáforas que hablan de Dios e Israel. El Mesías sería un pastor verdadero a quien Dios le encargaría las ovejas (Ezequiel 34,23). San Marcos ya ha aplicado esta imagen a Jesús en la primera narración de los panes (San Marcos 6,34). Ahora el pastor será herido, y los discípulos se dispersarán llenos de desilusión y miedo. Ninguno de los discípulos escogidos permanecerá con él hasta su muerte.

Como en la predicción de su pasión, Jesús sigue con una predicción de resurrección y esperanza. El mensajero repite esta promesa ante la tumba vacía de Jesús (16,7). El prometido regreso a Galilea terminará el Evangelio según San Marcos y cumplirá la promesa de Jesús.

Galilea es el centro del ministerio de Jesús; Jerusalén es la escena de su pasión y muerte. Al ir antes que sus discípulos a donde comenzó su propio ministerio, él les permite a ellos compartir una vez más en su ministerio. Esta vez ellos andarán por el camino del discipulado, comprendiendo que les lleva a Jerusalén, a la muerte y resurrección.

Pedro responde que aún si todos los demás se escandalizan, él no lo hará. La respuesta demasiado confiada de Pedro, lleva a Jesús a introducir su tercera profecía con el solemne "Amén." Otra vez la incapacidad de Pedro para aceptar y comprender la necesidad del sufrimiento le lleva a su caída (8, 32-34).

Un vez más Pedro regaña a Jesús con una protesta vehemente (8,32). Los otros discípulos se unen a la refutación. La lealtad superficial de los discípulos, al no aceptar las palabras de Jesús acerca de la cruz, concluye esta escena irónica.

San Marcos 14,32-42

La Agonía en el Huerto. [32]Cuando llegaron a un lugar llamado Getsemaní, dijo Jesús a sus discípulos: "Siéntense aquí, mientras yo voy a orar." [33]Tomó consigo a Pedro, a Santiago y a Juan. Comenzó a sentir miedo y angustia, [34]y les dijo: "Me muero de tristeza. Quédense aquí, y velen." [35]Y avanzando un poco más se postró en tierra y suplicaba que, si era posible, no tuviera que pasar por aquel momento. [36]Decía: "¡Abba, Padre! Todo te es posible. Aparta de mí este cáliz de amargura. Pero no se haga como yo quiero, sino como quieres tú." [37]Regresó y los encontró dormidos. Y dijo a Pedro: "Simón, ¿duermes? ¿No has podido velar ni siquiera una hora? [38]Velen y oren para que puedan hacer frente a la prueba, pues el espíritu está bien dispuesto, pero la carne es débil." [39]Se alejó de nuevo y oró repitiendo lo mismo. [40]Regresó y de nuevo los encontró dormidos, pues sus ojos se cerraban de sueño. Ellos no sabían qué responderle. [41]Regresó por tercera vez y les dijo: "¿Todavía están durmiendo y descansando? ¡Basta ya! Ha llegado la hora. Miren, el Hijo del hombre va a ser entregado en manos de los pecadores. [42]¡Vamos! ¡Levántense! Ya está aquí el que me va a entregar."

Getsemaní significa "prensa de olivos," y es un olivar escondido en la falda del Monte de los olivos. Aquí somos testigos de la angustiada oración de Jesús antes de su entrega, y la repetida falta de sus más íntimos discípulos para velar con él.

Jesús se lleva consigo a Pedro, Santiago, y Juan como sus compañeros íntimos. Son éstos tres los que presencian la Transfiguración (9,2-13) que forma un contraste dramático con esta escena. En ambas escenas Jesús lleva a los tres discípulos lejos de los demás para revelar la profundidad de su misión. Así como fueron testigos de Jesús en su gloria, ahora lo ven en agonía y debilidad al enfrentarse con la muerte. Si van a entender a Jesús, deben entender su sufrimiento tanto como su gloria.

Éstos tres, junto con Andrés, fueron también los que escucharon su discurso apocalíptico en este mismo Monte de los Olivos (13, 3-37). Allí Jesús les dijo a los discípulos que estuvieran atentos y oraran porque ninguno, ni el Hijo, sabe ni el día ni la hora cuando los eventos descritos se llevarán a cabo. Aquí Jesús relaciona su propio sufrimiento con la tribulación de sus discípulos a través del tiempo. La actitud del verdadero discípulo debe ser siempre de vigilancia y expectativa.

Las palabras de la oración de Jesús son un eco de la angustia expresada en los Salmos de Lamentación. La desolación del abandono, los terrores de la muerte cercana, la traición de los amigos, sin embargo confianza en la fidelidad de Dios—éstos son los lamentos del antiguo Israel que ahora se forman en los labios de Jesús al acercarse a su muerte.

Jesús dirige su oración a su Padre. Aquí se preserva la palabra "Abba" en arameo, porque esta es la forma de oración habitual de Jesús. Expresa la forma afectuosa y reverencial que un niño o adulto judío usa al dirigirse a su padre o madre. En su bautismo y en la transfiguración, Jesús es proclamado como el Hijo amado de Dios. Ahora la unión profunda entre el Padre y el Hijo es aclamada por Jesús cuando ora en el huerto.

Así como la transfiguración ha mostrado a Jesús en su gloria divina, la escena en el huerto muestra su humanidad profunda. Abrumado por el miedo y la tristeza, ora que el cáliz se aleje de él. La oración es sorprendentemente franca. A través de todo el Evangelio, San Marcos ha mostrado a Jesús como destinado a dar su vida, a "beber el cáliz." Sin embargo, ahora al acercarse el tiempo, Jesús revela sus sentimientos en un lamento profundo y emocional.

Aún más, la roca firme de la oración de Jesús es la voluntad del Padre. Es la dedicación a la voluntad de Dios lo que guía a San Marcos en la presentación de la vida de Jesús. El Hijo del Hombre bebería el cáliz porque Jesús comprendía la voluntad de Dios por medio de su dedicación a la oración.

La oración ardiente de Jesús es un fuerte contraste con el comportamiento de los discípulos. Jesús regresa tres veces de la oración y los encuentra dormidos. Su incomprensión continúa y el no saber aceptar la predicción de los sufrimientos de Jesús a través de todo el Evangelio nos prepara para su caída durante la pasión. Jesús ha predicho su deserción, y ahora su incapacidad para permanecer despiertos con Jesús anuncia el fracaso de su discipulado.

Antes de entrar en la oración, Jesús les advierte a los discípulos que "deben estar despiertos." Estas palabras recuerdan las palabras finales de su discurso apocalíptico: "Lo que les digo a ustedes, les digo a todos: '¡Estén atentos!' " Claramente relaciona el sueño de sus tres discípulos más íntimos a las tendencias negligentes de sus seguidores. El estar atentos y despiertos será la postura del discipulado si van a continuar la misión de Jesús en medio de la oposición y la persecución.

Después de cada oración de Jesús los resultados son los mismos: los discípulos se duermen en lugar de mantenerse atentos. Jesús les urge "Velen y oren para que puedan hacer frente a la prueba" Éste es el mismo nombre usado para describir la tentación de Jesús en el desierto al principio del Evangelio (1, 12-13). Esta prueba que sirvió como un prefacio para el apostolado de Jesús continuaría en la vida de sus seguidores cuando luchan contra el poder del mal en el mundo. Jesús reconoce las dimensiones opuestas dentro de la humanidad: el espíritu y la carne. El espíritu desea responder a la voluntad de Dios, mientras que la carne es egoísta y se opone a la voluntad de Dios.

El triple fracaso de los discípulos se contrasta con las tres veces que Jesús oró. Después de encontrarlos dormidos por la tercera vez, Jesús anuncia que la hora ha llegado y que ya lo van a entregar. Por medio de su oración, Jesús está ahora preparado para la traición y la pasión. Sin embargo, los discípulos que fracasaron en la oración por estar dormidos huirán de miedo.

San Marcos 14,43-52

La traición y el arresto de Jesús. 43Aún estaba hablando Jesús,
cuando se presentó Judas, uno de los Doce, y con él un tumulto de
gente con espadas y palos, enviados por los jefes de los sacerdotes,
los maestros de la ley y los ancianos. 44El traidor les había dado esta
contraseña: "Al que yo bese, ése es arréstenlo y llévenselo bien cus-
todiado." 45En cuanto llegó, se acercó a Jesús y le dijo: "¡Maestro!" Y
lo besó. 46Ellos se abalanzaron sobre él y lo arrestaron. 47Uno de los
presentes sacó la espada y cortó de un golpe la oreja al criado del

sumo sacerdote. 48Jesús tomó la palabra y les dijo: "Han salido a de-
tenerme con espadas y palos, como si fuera un bandido. 49A diario
estaba con ustedes enseñando en el templo, y no me arrestaron.
Pero es necesario que se cumplan las Escrituras." 50Entonces todos
sus discípulos lo abandonaron y huyeron. 51Un joven lo iba
siguiendo, cubierto tan sólo con una sábana. Lo detuvieron, 52pero él
soltando la sábana, se escapó desnudo.

Cuando Jesús estaba todavía hablando en el huerto, Judas llega con el grupo que arrestaría a Jesús. La muchedumbre, que había venido de los jefes de los sacerdotes, escribas y ancianos, representa al Sanedrín judío. Son estos líderes religiosos de Jerusalén quienes han buscado a Jesús desde su confrontación con él en el templo (11, 27).

Judas se dirige a Jesús como "Maestro," el título de honor con el cual los discípulos se dirigen a su maestro. El beso resalta aún más porque que ésto es una traición de amistad. Jesús es el sufridor justo que es entregado por su compañero de confianza.

Las predicciones de la pasión que marcan la segunda mitad del Evangelio (8,31; 9,31; 10,33) señalan a esta entrega, el arresto de Jesús por los jefes de los sacerdotes, ancianos y escribas. La escena está marcada con confusión. Uno de los presentes sacó su espada y le pegó al criado del sumo sacerdote. No se da ningún motivo para esa acción en el Evangelio de San Marcos, aunque parece ser un detalle histórico que resulta de la escena de la muchedumbre. Llegaron con espadas y palos para arrestar a Jesús como si él fuera un criminal común, aunque había enseñado abiertamente en el templo. Jesús no resiste el arresto y sus últimas palabras en esta escena hablan de eventos venideros dentro del contexto del plan de Dios: "Pero es necesario que se cumplan las Escrituras." Aquí, la referencia no es a ningún texto bíblico específico, sino a todo el plan salvífico de Dios, mostrado a través de muchos pasajes en el Antiguo Testamente que influencian las escenas de la pasión.

La predicción de Jesús que el pastor iba a ser herido y que las ovejas se dispersarían se cumple aquí (14,27). La deserción completa de Jesús por sus discípulos está descrita duramente: "lo abandonaron y huyeron."

La conclusión final de la escena está incluida solamente en el Evangelio según San Marcos. Un joven que había seguido a Jesús abandonó aún su ropa para huir de la escena. Este seguidor anónimo de Jesús resalta la deserción total de Jesús por sus seguidores, y reta a los lectores del Evangelio a considerar su propio compromiso de permanecer con Jesús en tiempo de crisis.

San Marcos 14,53-65

Jesús ante el Sanedrín. 53Llevaron a Jesús ante el sumo sacerdote y
se reunieron todos los jefes de los sacerdotes, los ancianos y los ma-
estros de la ley. 54Pedro lo siguió de lejos hasta el interior del patio del
sumo sacerdote y se quedó sentado con los guardias, calentándose
junto al fuego. 55Los jefes de los sacerdotes y todo el Consejo de An-
cianos buscaban una acusación contra Jesús para darle muerte, pero
no la encontraban. 56Pues aunque muchos testimoniaban en falso
contra él, los testimonios no coincidían. 57Algunos se presentaron y
dieron contra él este falso testimonio: 58"Nosotros lo hemos oído
decir: 'Yo destruiré este templo hecho por hombres y en tres días
construiré otro no edificado por hombres' ". 59Pero ni siquiera en ésto
concordaba su testimonio. 60Entonces el sumo sacerdote tomó la pa-
labra en medio de todos y preguntó a Jesús: "¿No respondes nada?
¿De qué te acusan éstos?" 61Pero Jesús callaba y no respondía nada.
El sumo sacerdote siguió preguntándole: "¿Eres tú el Mesías, el Hijo
del Bendito?" 62Jesús contestó: "Yo soy,

y *verán al Hijo del hombre*
sentado a la derecha del Todopoderoso
y que viene entre las nubes del cielo."

63El sumo sacerdote rasgándose las vestiduras, dijo: "¿Qué necesi-
dad tenemos ya de testigos? 64Han oído la blasfemia. ¿Qué les pa-
rece?" Todos juzgaron que merecía la muerte. 65Algunos comenzaron
a escupirlo y, tapándole la cara, le daban bofetadas y le decían: "¡Adi-
vina!" Y también los guardias lo golpeaban.

La escena ahora cambia a la corte del sumo sacerdote. San Marcos presenta la escena como un juicio formal ante el Sanedrín. Este concilio, compuesto de setenta representantes de los jefes de los sacerdotes, ancianos y escribas, gobernaba a los judíos en aquellas materias religiosas y políticas que les permitían los romanos que estaban ocupando el territorio. El Sanedrín era guiado por el sumo sacerdote, Caifás, aunque no es nombrado por San Marcos.

Pedro está presente fuera del juicio. Aunque todos los seguidores de Jesús habían huido de Getsemaní, la presencia de Pedro recuerda sus palabras en la Última Cena: "Aunque todos te abandonen yo no." Sin embargo, a pesar de la insistencia de Pedro, Jesús predice su negación. El resultado de su convicción se vislumbra aquí al seguir a Jesús, pero "de lejos."

Los testigos en el juicio se enfocaron en la relación de Jesús con el templo. Jesús ya había criticado el culto en el templo (11,17) y había predicho su destrucción (13,2). En el discurso apocalíptico del capítulo 13, San Marcos ha relatado simbólicamente la destrucción del templo y la muerte del mesías. En el juicio, los testigos presentan a Jesús como el que destruirá el templo presente y edificará otro no hecho por manos humanas.

San Marcos claramente asocia cada una de las referencias que Jesús hizo sobre el templo con la conspiración contra la vida de Jesús (11,18; 12,12; 14,1). Si la acusación contra Jesús era realmente sobre su intención de destruir el templo, su captura y juicio hubieran sido una consecuencia natural. Sin embargo, los testigos no estuvieron de acuerdo y Jesús ni admite ni niega su acusación.

San Marcos deja que la acusación permanezca ambigua. En un nivel la declaración es claramente un testimonio falso sobre el apostolado de Jesús. Jesús no es un militante que trata de destruir el edificio del templo sino más bien el Mesías y él mismo será destruido. Sin embargo, en otro nivel, el apostolado mesiánico y la muerte de Jesús destruyeron la necesidad y eficacia del templo y así estableció el templo espiritual nuevo de la comunidad cristiana.

Aunque la destrucción del templo podía haber sido interpretada como una acción revolucionaria, la promesa de reconstruir el templo es una declaración mesiánica. En la literatura judía del tiempo de Jesús había una expectativa que el Mesías establecería un templo nuevo y lo transformaría para el culto auténtico. La destrucción y renovación del templo están relacionadas con la muerte y resurrección de Jesús. El nuevo orden del verdadero culto será establecido por la destrucción y el triunfo de Jesús.

La cumbre del juicio llega cuando el sumo sacerdote le pregunta a Jesús: "Eres tú el Mesías, el Hijo del Bendito?" La respuesta de Jesús es inmediata: "Yo soy." La pregunta reune los dos títulos centrales de la identidad de Jesús en el Evangelio según San Marcos: Cristo e Hijo de Dios.

Primero San Marcos declara estos dos títulos al principio del Evangelio cuando identifica a Jesús y declara el propósito de su escritura. La primera mitad del Evangelio según San Marcos lleva a la profesión climática de la fe de Pedro: "Tú eres el Mesías" (8,29). El título, Hijo de Dios, previamente proclamado en el bautismo de Jesús (1,11) y en la transfiguración (9,7), será revelado dramáticamente por el centurión al pie de la cruz (15,39). Su identidad, que permanece oculta e incomprendida por sus seguidores durante todo el Evangelio, ahora llega a ser revelada plenamente en su pasión. Es sólo en el contexto de la cruz que Jesús puede ser comprendido plenamente y sólo ahora acepta sin ninguna reserva sus títulos mesiánicos.

Es el título, Hijo del Hombre, que añade la dimensión de la cruz al mesianismo de Jesús. Jesús lo usó durante la segunda mitad del Evangelio para completar los títulos más exaltados; usó el título Hijo del Hombre cada vez que se refería a su muerte (8,31; 9,9. 12. 31; 10,33. 45; 14,21. 41). Aquí en el juicio, Jesús usa el título Hijo del Hombre como una predicción del triunfo. Se refiere a la exaltación de Jesús a la derecha de Dios y a su poder victorioso. Se refiere a dos textos aquí para mostrar el triunfo de Jesús: Daniel 7,13, que habla de la figura triunfante en la forma humana que llega con las nubes del cielo, y el Salmo 110,1 en el cual Dios se dirige al rey y le dice: "Siéntate a mi derecha." El poder triunfante de Jesús sólo puede ser entendido y revelado en el contexto de dar su vida en la cruz.

Dramáticamente, el sumo sacerdote se rasga las vestiduras y considera la profecía como blasfemia. El rasgar las vestiduras como respuesta a una blasfemia se testimonia por el Rey Ezequías en 2 Reyes 19,1. Unánimamente y sin titubear el Sanedrín condena a Jesús como merecedor de la muerte. La escena termina cuando se burlan de Jesús como de un profeta falso, mientras que irónicamente, una de sus profecías, la negación de Pedro, se cumple en el patio de abajo.

San Marcos 14,66-72

> **La negación de Pedro,** [66]Mientras Pedro estaba abajo, en el patio,
> llegó una de las criadas del sumo sacerdote. [67]Al ver a Pedro calen-
> tándose junto al fuego, se quedó mirándolo y le dijo: "También tú
> andabas con Jesús, el de Nazaret." [68]Pedro lo negó diciendo: "No sé
> ni entiendo de qué hablas." Salió a la puerta de la casa, y cantó un
> gallo. [69]Lo vio de nuevo la criada y otra vez se puso a decir a los que
> estaban allí: "Este es uno de ellos." [70]Pedro lo negó de nuevo. Poco
> después también los otros dijeron a Pedro: "No hay duda. Tú eres
> uno de ellos, pues eres galileo." [71]Él comenzó entonces a maldecir y
> a jurar: "Yo no conozco a ese hombre del que me hablan." [72]En
> seguida cantó el gallo por segunda vez. Pedro se acordó de lo que le
> había dicho Jesús: "Antes de que el gallo cante dos veces, tú me ha-
> brás negado tres," y se puso a llorar.

San Marcos crea un contraste extraño al incluir la escena de Pedro en el patio antes y después de la escena de Jesús ante el Sanedrín. Cuando Jesús confiesa valientemente su mesianismo, Pedro lo niega cobardemente.

Las acusaciones contra Pedro se amplían de una pregunta privada por una criada a una confrontación con todos los presentes. Igualmente, las negaciones de Pedro empiezan como una incomprensión evasiva pero se desarrollan en maldiciones miedosas y en un juramento rechazando su relación con Jesús.

La negación de Pedro cumple la profecía de Jesús (14,30). El segundo canto del gallo fue un recuerdo terrible que causó que Pedro llorara amargamente con arrepentimiento. Ahora Jesús, abandonado por el último discípulo, enfrenta solo su pasión.

San Marcos no trata de ocultar la vergonzosa historia de Pedro. Al escribir dentro de una comunidad que era perseguida, el fracaso de Pedro se convirtió en una advertencia contra un discipulado infiel como también en un mensaje de esperanza para aquellos que habían fracasado y necesitaban reconciliación.

San Marcos 15,1-5

> **Jesús ante Pilato.** 1Muy de madrugada, se reunieron a deliberar los
> jefes de los sacerdotes, junto con los ancianos, los maestros de la ley
> y todo el Consejo de Ancianos; luego condujeron a Jesús atado y lo
> entregaron a Pilato. 2Pilato le preguntó: "¿Eres tú el rey de los
> judíos?" Jesús le contestó: "Tú lo dices." 3Los jefes de los sacerdotes
> lo acusaban de muchas cosas. 4Pilato lo interrogó de nuevo diciendo:
> "¿No respondes nada? Mira de cuántas cosas te acusan." 5Pero Jesús
> no respondió nada más de modo que Pilato se quedó extrañado.

Una parte principal del relato de la pasión empieza cuando Jesús es entregado a los romanos. La tercera predicción (10,33-34) se convierte en el prólogo para los hechos de la pasión: "Lo condenarán a muerte y lo entregarán a los paganos . . ." El juicio ante el gobernador romano se vuelve de un examen religioso a un examen político. Aunque los oficiales judíos entregan a Jesús, serán las autoridades romanas las que lo condenarán a muerte.

El papel de Pilato debe de haber sido muy conocido por los lectores de San Marcos puesto que se menciona sin ninguna introducción. Era el procurador romano en Judea del año 26 al 35 de nuestra era. Su interrogatorio de Jesús es paralelo al del sumo sacerdote, excepto que Pilato resalta el lado político del caso.

Inmediatamente le pregunta a Jesús si es el Rey de los judíos. Esto es un paralelo con la pregunta religiosa: "¿Eres el Mesías, el Hijo del Bendito?" (14,61). En lugar de la respuesta afirmativa dada al Sanedrín, Jesús contesta ambiguamente. No reclama plenamente el título por sus connotaciones políticas. Sin embargo, Jesús no lo niega porque el ser rey es una verdad fundamental de su identidad.

Jesús no da ninguna otra respuesta a sus acusaciones. Como el siervo justo que sufre (Isaías 53, 7), permanecerá en silencio hasta el lamento final a la hora de su muerte. Jesús se vuelve el modelo de los que sufren injustamente. Les ha advertido a sus seguidores al final de su discurso que ellos serían entregados a las cortes y serían presentados ante los tribunales de gobernadores y reyes (13,9). Los discípulos posteriores de Jesús deben estar preparados para pasar por lo mismo por causa del Evangelio.

San Marcos 15,6-15

> **La sentencia de muerte.** 6Por la fiesta Pilato les concedía la libertad
> de un preso, el que pidieran. 7Tenía encarcelado a un tal Barrabás con
> los revoltosos que habían cometido un asesinato en una rebelión.
> 8Cuando llegó la gente, comenzó a pedir lo que solía concederles.
> 9Pilato les preguntó: "¿Quieren que les suelte al rey de los judíos?"
> 10Pues sabía que los jefes de los sacerdotes habían entregado a Jesús
> por envidia. 11Los jefes de los sacerdotes incitaron a la gente para que
> les soltara a Barrabás. 12Pilato les preguntó otra vez: "¿Y qué quieren
> que haga con el que ustedes llaman rey de los judíos?" 13Ellos gritaron: "¡Crucifícalo!" 14Pilato les contestó: "Pues ¿qué ha hecho de
> malo?" Pero ellos gritaron todavía más fuerte: "¡Crucifícalo!" 15Pilato,
> entonces, queriendo complacer a la gente, les soltó a Barrabás y entregó a Jesús para que lo azotaran y, después, lo crucificaran.

La costumbre de dar libertad a un prisionero durante la Pascua parece haber sido una concesión a los judíos de parte del gobierno romano. El nombre de Barrabás literalmente significa "hijo del padre," lo que ofrece una decisión irónica entre él y el verdadero Hijo del Padre. La decisión depende de la muchedumbre, aunque son incitados por los jefes de los sacerdotes a pedir a Barrabás.

Pilato no quiere condenar a Jesús y parece no creer la acusación, pero se siente obligado por la muchedumbre. La crucifixión es un castigo romano que se usaba contra los criminales, los esclavos que se habían escapado y los insurgentes políticos. Si los judíos hubieran matado a Jesús lo hubieran hecho apedreándolo puesto que ese era el castigo por una blasfemia (Lev 24,16).

Una vez más San Marcos usa el término "entregaron" para describir la transferencia final de Jesús. Judas había entregado a Jesús al sumo sacerdote, los sacerdotes lo habían entregado a Pilato, y ahora Pilato entrega a Jesús para ser crucificado. El discípulo, los líderes judíos, y el líder romano, todos comparten en la responsabilidad por la muerte de Jesús.

San Marcos 15,16-20

Burlas de los soldados. 16Los soldados lo llevaron al interior del pa-
lacio, o sea, al pretorio, y llamaron a toda la tropa. 17Lo vistieron con
un manto rojo y, trenzando una corona de espinas, se la pusieron.
18Después comenzaron a saludarlo, diciendo: "¡Salve, rey de los
judíos!" 19Lo golpeaban en la cabeza con una caña, lo escupían y,
poniéndose de rodillas, le rendían homenaje. 20Después de burlarse
de él, le quitaron el manto rojo, lo vistieron con sus ropas y lo saca-
ron para crucificarlo.

Las burlas hacia Jesús continúan el cumplimiento de la predicción de Jesús sobre su pasión: "se burlarán de él, lo escupirán, lo azotarán y lo matarán" (10, 34). Las burlas de los soldados romanos son un paralelo con la primera escena de burlas por los líderes judíos. El juicio judío terminó con burlas de él comos un profeta, el juicio romano con burlas si fuera de él como si fuera un rey. Una vez más Jesús sufre como el siervo inocente de Isaías porque es golpeado y escupido (Isaías 50, 6).

El manto rojo es el color de vestiduras reales y la corona de espina es una burla de su afirmación de ser rey. Los insultos de los soldados se aprovechan de la acusación en el juicio: "Rey de los judíos." La ironía invade toda la escena por lo que dicen y hacen los soldados es verdadero, pero a un nivel que ellos no pueden comprender. Jesús es digno de su homenaje, pero la verdadera naturaleza de su reino está oculta en un sufrimiento de bajeza.

San Marcos 15,21-32

El camino de la cruz. 21Y a un tal Simón, natural de Cirene, el padre
de Alejandro y de Rufo, que al regresar del campo pasaba por allí, lo
obligaron a llevar la cruz de Jesús.
La crucifixión. 22Condujeron a Jesús hasta el Gólgota que quiere
decir lugar de la Calavera. 23Le daban vino mezclado con mirra,
pero él no lo aceptó. 24Después lo crucificaron y *se repartieron su ropa,*
sorteándola, Para ver qué se llevaba cada uno. 25Eran las nueve de la
mañana cuando lo crucificaron. 26Había un letrero en el que estaba
escrita la causa de su condena: "El rey de los judíos". 27Con Jesús
crucificaron a dos bandidos, uno a su derecha y otro a su izquierda.
[28] 29Los que pasaban por allí lo insultaban, haciendo muecas y di-
ciendo: "¡Eh, tú que destruías el templo y lo reconstruías en tres
días! 30¡Sálvate a ti mismo, bajando de la cruz!" 31Y de la misma
manera los jefes de los sacerdotes y los maestros de la ley, se burla-
ban de él diciéndose unos a otros: "¡A otros salvó y a sí mismo no

puede salvarse! 32¡El Mesías! ¡El rey de Israel! ¡Que baje ahora de la
cruz, para que lo veamos y creamos!" Hasta los que habían sido crucificados junto con él lo insultaban.

Probablemente Simón era un judío en la diáspora que había venido a Jerusalén de Cirene en el norte de África para la Pascua. Él y sus hijos, Alejandro y Rufo, pudieron haberse convertido en cristianos más tarde puesto que sus nombres son conocidos en la comunidad cristiana. Las palabras usadas aquí, "llevar (cargar con) su cruz," son las mismas palabras que Jesús usó cuando empezó a enseñarles a sus discípulos sobre el camino del sufrimiento: "Si alguno quiere venir detrás de mí, que renuncie a sí mismo, que cargue con su cruz y que me siga" (8,34). La acción de Simón es una advertencia para la comunidad de San Marcos del camino del discipulado.

La crucifixión tuvo lugar fuera de las murallas de la ciudad, por lo tanto Jesús debe haber sido llevado a través de la puerta de la ciudad. San Marcos preserva el nombre arameo, Gólgota, para el lugar de la ejecución, aunque lo tradujo para su audiencia como "Lugar de la Calavera." Probablemente el nombre se refiere a la forma de la colina y a las ejecuciones que eran comunes en ese lugar.

El darle a Jesús el vino mezclado con mirra fue probablemente un acto de misericordia como se ve en otros escritos judíos (Proverbios 31, 6). Aunque el vino era para aminorar el dolor, San Marcos anota que Jesús lo rehusó, resaltando su completo y total sufrimiento.

La crucifixión de Jesús está relatada como un simple hecho sin detalles de la manera como se llevó a cabo ni de la agonía física que implica. El enfoque está en los detalles que rodean la crucifixión: el repartirse su ropa y las burlas.

La comunidad cristiana veía las Escrituras como profecías del sufrimiento de Jesús y como medio para comprender el significado de su muerte. El salmo 22 parece haber sido particularmente importante como prediciendo los eventos que rodearían la crucifixión. Varios de sus versículos están citados o aludidos en esta sección: el acto de la crucifixión (v. 17), el sortearse sus ropas (v. 19), y las burlas de la muchedumbre (vv. 8-9).

El cargo contra Jesús y las burlas de nuevo recuerdan la identidad verdadera de Jesús y su misión mesiánica. La inscripción del cargo "El Rey de los judíos," que se puso como una humillación más, declara irónicamente la verdad de la identidad de Jesús. Aquí, arriba en la cruz, el título puede entenderse en su sentido pleno.

Los que fueron crucificados con Jesús son tradicionalmente llamados "ladrones." Sin embargo, esa palabra en griego también significa "revolucionarios," y es más probable que fueron crucificados por insurrección política contra la ocupación romana. Simbólicamente los dos, "uno a su derecha y el otro a su izquierda," se convierten en su corte real. Cuando Santiago y Juan habían pedido los lugares de honor en el reino, "uno a tu derecha y otro a tu izquierda," Jesús les prometió en lugar de eso el compartir en su pasión. Otra vez San Marcos les recuerda a sus lectores que los lugares de honor en el reino pertenecen a los que comparten en la cruz.

Tres grupos distintos se burlan de Jesús. Primero, los que pasaban adoptan el cargo hecho en el juicio ante el Sanedrín de que Jesús destruirá el templo. Lo desafían a salvarse a sí mismo bajando de la cruz. Esta es una referencia clara al salmo 22,8-9. Segundo, los líderes judíos continúan el cargo de su juicio y se burlan de su pretensión de ser "el Mesías, el Rey de Israel." "Salvó a otros; no puede salvarse a sí mismo" es irónicamente verdadero en lo que concierne a su misión: "El que quiere salvar su vida, la perderá; pero el que pierda su vida por mí y por la buena noticia, la salvará" (8,35). El desafío de bajarse de la cruz para que ellos pudieran creer resume la tentación del evangelio entero: solamente se puede creer en un mesías sin la cruz. Tercero, aun los crucificados con él se burlan de él desde la cruz. Jesús es ultrajado por todos los niveles de la sociedad, desde los observadores comunes, a los líderes judíos, a los criminales. Es rechazado y abandonado, está totalmente solo al enfrentarse con su muerte.

San Marcos 15,33-41

La muerte de Jesús. [33]Al llegar el mediodía, toda la región quedó a
oscuras hasta las tres de la tarde. [34a] esa hora Jesús gritó con fuerte
voz: *"Eloí, Eloí, ¿lemá sabaktaní?"* Que quiere decir: *Dios mío, Dios*
mío, ¿por qué me has abandonado? [35]Algunos de los presentes decían al
oírlo: "¡Está llamando a Elías!" [36]Uno fue corriendo a empapar una
esponja en vinagre y, sujetándola en una caña, le ofrecía de beber,
diciendo: "Vamos a ver si viene Elías a descolgarlo." [37]Entonces
Jesús, lanzando un fuerte grito, expiró. [38]La cortina del templo se
rasgó en dos de arriba abajo. [39]Y el oficial romano que estaba frente
a Jesús, al ver que había expirado de aquella manera, dijo: "Verda-
deramente este hombre era Hijo de Dios." [40]Algunas mujeres con-
templaban la escena desde lejos. Entre ellas María Magdalena, María,
la madre de Santiago el menor y de José, y Salomé, [41]que habían
seguido a Jesús y lo habían asistido cuando estaba en Galilea. Había
además, otras muchas que habían subido con él a Jerusalén.

El relato de la pasión por San Marcos está organizado en grupos de tres: la oración de Jesús en Getsemaní es triple, la negación de Jesús por Pedro ocurre tres veces, tres grupos se burlan de él cuando estaba en la cruz, y la crucifixión consiste de tres períodos de tres horas cada uno. En la tercera hora (9 a.m.), Jesús fue crucificado; en la sexta hora (mediodía), la oscuridad cubrió la tierra; y en la novena hora (3 p.m.), Jesús murió.

La oscuridad que cubrió la tierra hace recordar las palabras de los profetas: Amos 8,9; Joel 2,10, Isaías 13,10. Esta asociación de la muerte de Jesús con el Día apocalíptico del Señor da énfasis a sus consecuencias cósmicas. También sugiere la oscuridad que fue el resultado de la novena plaga de Egipto. Como la oscuridad precedió el hecho salvífico de Dios en el Éxodo, así, también precede la muerte salvadora de Jesús.

El gran gemido de Jesús expresa su angustia. Ha sido abandonado por todos sus seguidores, y ahora en su hora final siente la profundidad del abandono en la ausencia de Dios. El gemido es el primer versículo del salmo 22, y podemos asumir que Jesús continuó el salmo como su oración final. Expresa la desolación del siervo doliente, sin embargo mantiene su confianza en Dios. El salmo 22, tan frecuentemente citado en el relato de la pasión, termina no en la desesperación, sino en el triunfo y la liberación; proclama la adoración eventual de Dios por todas las naciones.

Aún esta oración final de Jesús es ridiculizada por los presentes e incomprendida como una llamada desesperada a Elías en lugar de "Dios mío" (*Eloí,* en arameo). Su confusión está llena de ironía puesto que Elías ya había regresado a través del apostolado de Juan Bautista. Fue su entrega, su arresto y muerte violenta, lo que preparó el camino para la pasión de Jesús. La burla continúa cuando uno de los presentes le ofrece a Jesús vino en una esponja. Esto era para revivirlo y, burlarse, darle tiempo a Elías a que viniera a rescatarlo.

La muerte de Jesús es el clímax del Evangelio según San Marcos y es el punto decisivo de los temas teológicos que ha estado desarrollando. El momento de la muerte está expresado duramente con claridad absoluta. Los otros escritores del Evangelio describen la muerte de Jesús resaltando su propio control y resignación. En San Marcos, la escena está traspasada con el grito fuerte de Jesús al momento en que expira.

Al morir Jesús, la escena vuelve una vez más al templo. La cortina que separaba el lugar santo del lugar santísimo (Ex 26,31-37) se rasgó en dos de arriba a abajo. El entrar a través del velo en el lugar santísimo estaba prohibido para todos excepto para el sumo sacerdote, y para él solamente una vez al año. En el gran Día de Reparación, un día de sacrificio, penitencia, y ayuno, el sumo sacerdote entraba detrás de la cortina para ofrecer incienso y rociar la sangre del sacrificio de un toro y una cabra.

San Marcos asocia la muerte de Jesús con la destrucción del templo. El romperse la cortina es un portento de destrucción venidera que ocurrirá en el año 70 de nuestra era, cerca del tiempo en que San Marcos escribía. A través de la muerte de Jesús el significado redentor del sacrificio en el templo se ha anulado. Las ofrendas en el templo han sido para reparación, y ese es el significado de la muerte de Jesús. Él cumple la función del templo de una manera nueva y decisiva. Por medio de su sacrificio total, se remueven los obstáculos del camino hacia Dios.

La muerte de Jesús abre el camino a Dios para toda la humanidad, tanto paganos como judíos. El centurión pagano pronuncia la declaración cumbre del Evangelio cuando afirma: "Verdaderamente este hombre era Hijo de Dios." La teología del Evangelio según San Marcos se resume como la identidad de Jesús plenamente expresada por la primera vez. Es sólo en la cruz que la identidad mesiánica de Jesús puede ser plenamente comprendida y que se puede proclamar su filiación divina.

Los dos motivos del juicio llegan aquí a su plena expresión. La destrucción del templo hecho por manos humanas empieza ahora a realizarse, y la filiación mesiánica de Jesús puede ser reconocida ahora por todos. El templo no hecho por manos humanas, del cual Jesús es la piedra angular, estará verdaderamente abierto para todos, "una casa de oración para todos los pueblos" (11,17). El nuevo lugar sagrado para la adoración es la comunidad cristiana, la reunión de todos los que son capaces de reconocer a Jesús como el Hijo de Dios.

La fe del centurión pagano, junto con la fidelidad de las mujeres que continúan siguiendo a Jesús hasta su muerte, resaltan una vez más la ausencia de sus discípulos escogidos. Los que son fieles—el centurión, las mujeres, José de Arimatea—representan lo que será la comunidad cristiana. Mujeres y hombres, paganos y judíos, juntos forman esa comunidad llamada a compartir la vida humilde, amorosa, abnegada de Jesús.

San Marcos 15,42-47

Sepultura de Jesús. 42 Al caer la tarde, como era la preparación de la
pascua, es decir, la víspera del sábado, 43 llegó José de Arimatea, que
era miembro distinguido del Consejo de Ancianos y esperaba el

reino de Dios, y tuvo el valor de presentarse a Pilato y le pidió el
cuerpo de Jesús. [44]Pilato se extrañó de que hubiera muerto tan
pronto y, llamando al oficial romano, le preguntó si había muerto
ya. [45]Informado por el oficial romano, entregó el cadáver a José.
[46]Éste compró una sábana, lo bajó, lo envolvió en la sábana, lo puso
en un sepulcro excavado en la roca y tapó la entrada del sepulcro
con una piedra. [47]María Magdalena y María la madre de José ob-
servaban dónde lo ponían.

Una vez más, San Marcos hace la transición anotando la hora. Ahora es viernes al atardecer, el fin del día de preparación para el sábado. Se da muy poca información sobre José de Arimatea, de quien se habla aquí por primera vez. Es un hombre con influencia, y su "esperar el reino de Dios" parece indicar su sensibilidad a la enseñanza de Jesús (1,15). El que sea miembro del Consejo puede referirse o no al Sanedrín.

El atrevimiento de José, al pedir el cuerpo de Jesús, se presenta en contraste con la dispersión cobarde de lo discípulos. José hace lo que los discípulos de Jesús debían haber hecho; se asocia valientemente con Jesús crucificado y le da una sepultura apropiada.

El entierro de Jesús nos prepara para el relato del sepulcro vacío. La realidad de la muerte de Jesús se resalta por la reacción de Pilato y es confirmada por el centurión. Luego se envuelve el cuerpo de Jesús en una sábana y se pone en un sepulcro que habían excavado en la roca. San Marcos anota cuidadosamente la gran piedra que cerraba la entrada al sepulcro y las mujeres que observaban en donde habían puesto a Jesús.

San Marcos 16,1-8

Resurrección de Jesús. [1]Pasado el sábado, María Magdalena, María
la de Santiago y Salomé, compraron perfumes para ir a embalsamar
a Jesús. [2]El primer día de la semana, muy de madrugada, a la salida
del sol, fueron al sepulcro. [3]Iban comentando: "¿Quién nos retirará
la piedra de la entrada del sepulcro?" [4]Pero, al mirar, observaron
que la piedra había sido ya retirada, y eso que era muy grande.
[5]Cuando entraron en el sepulcro, vieron a un joven sentado a la
derecha, que estaba vestido con una túnica blanca. Ellas se asus-
taron. [6]Pero él les dijo: "No se asusten. Buscan a Jesús de Nazaret, el
crucificado. Ha resucitado; no está aquí. Miren el lugar donde lo pu-
sieron. [7]Vayan, pues, a decir a sus discípulos y a Pedro: Él va camino
de Galilea, allí lo verán, tal como les dijo." [8]Ellas salieron huyendo
del sepulcro, llenas de temor y asombro, y no dijeron nada a nadie
por el miedo que tenían.

Las tres mujeres que contemplaron desde cierta distancia la muerte de Jesús (15,40) son las mujeres que llevaron perfumes con la intención de embalsamar el cuerpo de Jesús. Una vez más son las mujeres las que respondieron a las necesidades de Jesús, las mismas mujeres que le habían servido mientras estaba en Galilea. El único nombre que es constante en los cuatro relatos del Evangelio sobre el sepulcro vacío es el de María Magdalena. La constancia al relatar que ella fue la primera en descubrir el sepulcro vacío se basa en la memoria histórica. Una mujer en el judaísmo de aquellos días no podía servir como testigo en ningún procedimiento legal. Así, pues, el escritor no iba a mencionar a mujeres como las primeras testigos de el sepulcro vacío a no ser que se basara en la memoria histórica.

San Marcos hace ver que el descubrimiento ocurrió "muy de madrugada, a la salida del sol, el primer día de la semana." Todo empezaba de nuevo, como si la semana de la creación hubiera empezado otra vez el primer día. La madrugada trajo un principio fresco a la vida de aquellos que habían huido negando y desertando.

La inmensa piedra removida de la entrada al sepulcro se convierte en una parte de la señal portentosa del sepulcro vacío. El joven vestido de blanco es el ángel que interpreta, una figura común en los escritos apocalípticos. El encuentro se presenta en la forma acostumbrada de mensajeros angelicales: el ángel se aparece, los que lo reciben están temerosos, el ángel les dice que no teman y les da una explicación, se confía una comisión a los que le escuchan (Lc 1,11ss; 1,16ss).

De una manera clara y concisa, San Marcos relata para los lectores el hecho del sepulcro vacío y la razón por la cual está vacío. No ofrece detalles sobre la resurrección, sino brevemente declara: "Ha resucitado." La comisión de "ir a decir a sus discípulos y a Pedro" no parece que se cumplió. Ellas huyeron del sepulcro y no dijeron nada a nadie por su miedo y asombro.

San Marcos termina su Evangelio con el versículo 8. No describe ninguna apariencia después de la resurrección, aunque las conocía ciertamente y podía haberlas relatado en el Evangelio. El vocabulario y el estilo de las terminaciones más largas y más cortas indica que fueron escritas más tarde por alguna otra persona que no era San Marcos. Por lo tanto nuestro estudio de los escritos de San Marcos debería terminar aquí. Las otras frases finales fueron probablemente añadidas por la incomodidad sentida después por los cristianos al comparar el fin abrupto del relato de San Marcos con las apariencias elaboradas de la resurrección en los otros Evangelios.

¿Por qué terminó San Marcos su Evangelio aquí? Recuérdese que San Marcos escribía para enseñar a las personas de una generación posterior a cómo ser discípulos de Jesús. Así, San Marcos deja su Evangelio abierto, sin un punto final. Las mujeres huyen del sepulcro perplejas sobre el significado de la resurrección y de sus implicaciones en su vida. No dicen nada a nadie porque se deja a cada persona el llegar a conocer y sentir la presencia resucitada de Jesús. San Marcos deja incompleto el Evangelio porque la buena nueva de Jesús está incompleta. Debe ser asumida y proclamada por las personas de cada generación.

El mensaje que se dio a las mujeres repite la promesa que Jesús hizo a Pedro y a los discípulos antes de su agonía en el huerto. Después de predecir que Pedro y los discípulos lo abandonarían, Jesús les asegura: "Después de resucitar, me encontraré de nuevo con ustedes en Galilea" (14,28). El mensajero proclama que lo verán allí. El último mensaje del Evangelio es que Jesús ha ido una vez más antes que ellos. Jesús guía y todos los que escuchan la buena nueva sienten el desafío de seguirlo. La primera llamada de Jesús a sus discípulos en Galilea: "Vengan en pos de mí," se convierte en el desafío final dirigido a todos los discípulos futuros.

San Marcos quiere decirles a sus lectores que la resurrección no es el fin de la historia, sino sólo un principio nuevo. Lo que ha empezado en Jesús todavía sigue. Jesús, resucitado ahora, continúa guiando a los discípulos. Ellos deben continuar dando vida y esperanza a los necesitados, continuar dando significado al sufrimiento y trayendo vida de la muerte. Ellos deben continuar escuchando el llamado de Jesús a seguirle a donde él los guíe.

San Marcos 16,9-20

EL FIN MÁS LARGO

La Aparición a María Magdalena. [[9]Jesús resucitó en la madrugada
del primer día de la semana y se apareció en primer lugar a María
Magdalena, de la que había expulsado siete demonios. [10]Ella fue a
comunicárselo a los que lo habían acompañado, que estaban tristes
y seguían llorando. [11]Ellos, a pesar de oír que estaba vivo y que ella
lo había visto, no creyeron.

La Aparición a dos discípulos. [12]Después se apareció, con aspecto
diferente, a dos de ellos que iban de camino hacia el campo. [13]También ellos fueron a dar la noticia a los demás. Pero tampoco les
creyeron.

La Comisión de los Once. [14][Pero], por último, se apareció a los Once, cuando estaban a la mesa, y les reprochó su incredulidad y su terquedad, por no haber creído a quienes lo habían visto resucitado.
[15]Y les dijo: "Vayan por todo el mundo y proclamen la buena noticia
a toda criatura. [16]El que crea y se bautice, se salvará, pero el que no
crea, se condenará. [17]A los que crean, les acompañarán estas señales:
expulsarán demonios en mi nombre, hablarán en lenguas nuevas,
[18]agarrarán serpientes con sus manos y, aunque beban veneno, no les hará daño, impondrán las manos a los enfermos y éstos sanarán."

La Ascensión de Jesús. [19]Después de hablarles, el Señor Jesús fue
elevado al cielo y se sentó a la derecha de Dios. [20]Ellos salieron a
predicar por todas partes, el Señor los asistía y confirmaba la palabra acompañándola con señales.]

Hoy día, generalmente, se está de acuerdo de que San Marcos terminó intencionalmente su Evangelio con el versículo 8, pero en siglos pasados ésto no era lo que se creía. La opinión común era que la conclusión completa del Evangelio según San Marcos se había perdido. Esto era evidentemente la opinión al fin del siglo primero cuando se escribieron las otras terminaciones. Los cristianos de las décadas pasadas añadieron lo que ellos creían que San Marcos mismo hubiera añadido.

La terminación más larga contiene vocabulario, temas, y un estilo distinto a todo lo demás que hay en el Evangelio según San Marcos. Es simplemente una compilación y reformulación de escenas conocidas de la resurrección tomadas de los otros tres Evangelios.

La terminación más corta aparece después del versículo 8 en varios manuscritos posteriores al Evangelio. Fue otro modo de terminar más suavemente el Evangelio según San Marcos según algunos cristianos primitivos.

Tradicionalmente las terminaciones han sido aceptadas como parte canónica del Evangelio. Sin embargo, para nuestra reflexión deberíamos dejar la obra de San Marcos tal como está. Solamente terminando el Evangelio con el versículo 8 se puede entender la intención completa y el plan de San Marcos. La terminación de su Evangelio es mucho más inspiradora y desafiante como él la dejó para que sus lectores vuelvan a vivir y continúen el Evangelio en su propia vida.

La Pasión y Resurrección Según San Mateo

La fuente principal del relato de la pasión según San Mateo es el Evangelio de San Marcos. San Mateo sigue el orden básico de San Marcos e incluye todos los episodios de su relato. Sin embargo, aunque son muy similares, hay diferencias muy importantes, puesto que cada añadidura, omisión y arreglo en el Evangelio según San Mateo se hace con un propósito especial. Es particularmente por estas diferencias que somos capaces de ver cómo San Mateo reinterpreta la obra de San Marcos y desarrolla sus propios temas teológicos.

San Mateo resalta la dignidad y cualidad majestuosa de Jesús a través de todo su relato de la pasión. Aunque mantiene el énfasis de San Marcos sobre el sufrimiento y abandono de Jesús, es claramente el Hijo de Dios omnisciente y todopoderoso el que sufre. Jesús pasa por su pasión con pleno conocimiento profético de lo que va a acontecer y con pleno control de todos los eventos. Sin embargo, Jesús no usa su poder ni su autoridad para salvarse, sino que permanece como el Hijo fiel del Padre. La identidad de Jesús no está escondida como en San Marcos, para que se disminuya la cualidad dramática de la revelación de la identidad de Jesús. El drama según San Mateo está en el rechazo de Jesús por los que Él vino a salvar.

San Mateo escribió en un período de la Iglesia caracterizado por una tensión extrema con el judaísmo. La Iglesia y la Sinagoga se habían separado y el Cristianismo se hacía más pagano en su carácter. San Mateo muestra que Jesús está firmemente enraizado en la historia de la salvación de Israel y que cumple las promesas mesiánicas de Dios al pueblo. También muestra cómo la muerte y resurrección de Jesús predice la conversión de los paganos y ofrece la salvación a todos los pueblos.

Cuando los jefes de Israel se rehusan a reconocer a Jesús y rechazan al Mesías, Israel pierde sus privilegios exclusivos como el pueblo de Dios. San Mateo desea firmemente mostrar cómo la Iglesia está compuesta tanto de judíos como de paganos. Sin excluir a Israel, el Reino de Dios se amplía para incluir a todas las naciones. Las promesas hechas a Israel continúan por medio de la Iglesia cuando la muerte y resurrección inauguran una nueva era de salvación.

El Evangelio termina no sólo con la promesa como en San Marcos, sino con su cumplimiento. La aparición de Jesús asegura a los discípulos que Él está presente con ellos cuando continúan la misión que les ha encomendado. La tarea de la Iglesia hasta el fin de los tiempos es la proclamación del Evangelio y el reunir al pueblo de Dios. La resurrección es un anticipo de la última venida gloriosa de Jesús. Él viene a sus discípulos con autoridad plena como el Hijo triunfante de Dios. Le asegura a su comunidad de discípulos que Él está con ellos siempre cuando ellos asumen su misión universal.

San Mateo 26,1-5

Conspiración contra Jesús. [1]Cuando terminó Jesús [todo] este discurso, dijo a sus discípulos: [2]"Ya saben que dentro de dos días se celebra la fiesta de la pascua, y el Hijo del hombre será entregado para que lo crucifiquen." [3]Entonces se reunieron los jefes de los sacerdotes y los ancianos del pueblo en el palacio de Caifás, que era el sumo sacerdote, [4]y acordaron en consejo arrestar a Jesús con engaño y darle muerte. [5]Pero decían: "Durante la fiesta no, pues podría amotinarse el pueblo."

San Mateo comienza su relato de la pasión resaltando que Jesús está en control de los eventos que van a acontecer. Jesús instruye a sus discípulos sobre los eventos venideros de su arresto y crucifixión. Esta es la cuarta y última serie de predicciones de la pasión (16,21; 17,22-23; 20,18-19) que muestran que la pasión es integral a toda la vida y misión de Jesús.

San Mateo usa la primera frase: "Cuando terminó Jesús [todo] este discurso" para marcar las transiciones principales en su Evangelio. Concluye cada uno de los cinco discursos grandes que forman la estructura principal del Evangelio (también 7,28; 11,1; 13,53; 19,1). San Mateo añade aquí la palabra "todo" que indica que Jesús ha acabado ahora su ministerio de instruir a sus discípulos.[1] El último discurso de

1. Esta palabra, "todo," se encuentra en algunas traducciones en español como también en inglés. La traductora la introdujo entre paréntesis para seguir el pensamiento del autor.

Jesús fue su discurso apocalíptico (Mat 24-25) sobre el fin de los tiempos. La transición eslabona el ministerio de enseñanza de Jesús con su pasión y yuxtapone al glorioso Hijo del Hombre del discurso apocalíptico con el sufridor Hijo del Hombre listo a pasar por la pasión.

San Mateo hace explícita la conexión entre la Pascua y la muerte de Jesús. Al poner esta yuxtaposición en la predicción de Jesús, el evangelista muestra que la conexión no es accidental, sino parte del plan de Dios. La muerte de Jesús y su recuerdo en la Última Cena forman el sacrificio pascual verdadero del nuevo pueblo de Dios.

La segunda mitad de esta escena doble contrasta el conocimiento y la disponibilidad de Jesús con lo secreto y traicionero de los conspiradores. Así como los jefes judíos se habían reunido alrededor de Herodes para conspirar en contra de la vida de Jesús durante su infancia (2,4), ahora conspiran con el sumo sacerdote para matar a Jesús. San Mateo es el único evangelista sinóptico que identifica al sumo sacerdote como Caifás. Aunque los líderes deciden no arrestar a Jesús durante la fiesta de la Pascua porque la multitud de peregrinos podría fácilmente empezar una revolución, las palabras proféticas de Jesús han hecho inevitable la hora de su cumplimiento.

San Mateo 26,6-13

Unción en Betania. [6]Se encontraba Jesús en Betania, en casa de
Simón el leproso, [7]cuando se acercó a él una mujer con un frasco de
alabastro lleno de un perfume muy caro, y lo derramó sobre la ca-
beza de Jesús mientras estaba sentado a la mesa. [8]Al ver ésto, los
discípulos se indignaron y decían: "¿A qué se debe semejante de-
rroche? [9]Podía haberse vendido en un buen precio y haber dado el
dinero a los pobres." [10]Jesús se dio cuenta y les dijo: "¿Por qué ap-
enan a esta mujer? Ha hecho una obra buena conmigo. [11]A los po-
bres los tienen siempre con ustedes, pero a mí no me tendrán
siempre. [12]Y al derramar ella este pefume sobre mi cuerpo, se ha an-
ticipado a preparar mi sepultura. [13]Les aseguro que en cualquier
parte del mundo en que se anuncie esta buena noticia, será recor-
dada esta mujer y lo que ha hecho."

Todos los cuatro evangelistas describen la unción de Jesús por una mujer. San Lucas no conecta el relato con la pasión, sino al contrario afirma que la mujer es una pecadora y asocia la escena con el perdón de Jesús (Lc 7,36-50). Los otros Evangelios colocan la escena en Betania y la eslabonan con la pasión de Jesús. San Mateo sigue muy de cerca el relato de San Marcos, aunque abrevia y omite unos cuantos detalles concretos tales como el identificar el perfume con "nardo puro" y el costo del perfume.

San Mateo identifica a los que se indignaron por la acción de la mujer como "discípulos." La devoción y la visión de la mujer está en contraste claro con la de los discípulos y nos prepara para su deserción. En el Evangelio según San Marcos, esta hermosa escena se inserta en medio de la conspiración y de la traición. La mujer resalta por su fidelidad y su comprensión de el destino de Jesús.

Jesús alaba la acción de la mujer y la interpreta como su unción para la sepultura. Esta unción es importante particularmente aquí porque, diferente al relato de San Marcos, las mujeres no irán al sepulcro con la intención de ungir el cuerpo de Jesús.

Jesús defiende fuertemente la acción de la mujer de los reproches de los discípulos. Aquí no se trata de la preocupación por los pobres puesto que el Evangelio según San Mateo muestra claramente la importancia para los seguidores de Jesús de dar a los pobres (19,21; 25,35). Continuamente se le desafiará a los discípulos a que se preocupen por los pobres, pero la urgencia de la pasión pide una respuesta inmediata ya que la partida de Jesús es inminente.

Jesús anuncia que ésto se recordará en cualquier lugar donde se proclame la buena noticia. Su acto de discipulado verdadero resaltará en la historia de la salvación según San Mateo que se proclamará por todo el mundo.

San Mateo 26,14-16

> **La traición de Judas.** 14Entonces uno de los Doce, el llamado Judas Iscariote, fue a ver a los jefes de los sacerdotes, y 15les dijo: "¿Qué me dan si les entrego a Jesús?" Ellos le ofrecieron treinta monedas de plata. 16Y desde ese momento buscaba una oportunidad para entregarlo.

San Mateo pone atención especial al papel de Judas. Amplía el material que le dio San Marcos siempre que aparece Judas. Añade a la traición la motivación del dinero, la pregunta de Judas en la Última Cena cuestionando si él es el traidor, y el relato de su suicidio.

Las escenas de la unción y de la traición están unidas y contrastadas íntimamente. El acto de amor de la mujer precede al acto de traición de Judas. Así como la mujer unge a Jesús para su entierro, Judas empieza el proceso que llevará a cabo su muerte. Así como Jesús muestra su falta de interés en el dinero, Judas arregla el precio.

San Mateo extiende el reporte de los hechos que San Marcos había dado con el diálogo entre Judas y los jefes de los sacerdotes. Nos muestra que uno de los motivos de la traición es el dinero. La naturaleza horrorosa del crimen se resalta con el regatear de Judas.

El Evangelio según San Mateo continuamente insiste en la influencia corruptora del dinero. Previamente Jesús había dicho: "Nadie puede servir a dos amos; porque odiará a uno y amará al otro, o será fiel a uno y al otro no le hará caso. Ustedes no pueden servir a Dios y al dinero" (6,24). En su instrucción a sus discípulos, Jesús les prohibe llevar plata cuando van en su misión (10,9; véase también 6,19-21; 19,23). El deseo de Judas por dinero le lleva a abandonar a su maestro verdadero junto con el tesoro real de su vida.

La cantidad exacta de dinero, treinta monedas de plata, hace alusión a la Sagrada Escritura. En la alegoría de Zacarías 11,4-17, el profeta se convierte en el buen pastor del rebaño de Dios que es asesinado por los pastores falsos. El servicio del buen pastor es valorado en treinta monedas de plata, un pago mezquino e insultante. Es la misma cantidad, según el Éxodo 21,31, que el propietario de un buey tiene que dar al dueño de un esclavo si el esclavo había sido matado. La misión de Jesús tiene ese mismo precio insignificante según los líderes judíos que eran pastores falsos. En ambos casos el dinero se arroja en el tesoro del templo, para mostrar que cantidad tan vergonzosa se paga por el amoroso cuidado de Dios.

Estas escenas del principio forman el prólogo para la pasión. Jesús ha predicho proféticamente su suerte, ya ha sido ungido para su entierro y el plan de Judas ha empezado a funcionar. Todo lo que sigue será el cumplimiento de este prólogo.

San Mateo 26,17-19

> **Preparaciones para la Pascua.** 17El primer día de la fiesta de los
> panes sin levadura se acercaron los discípulos a Jesús y le pregun-
> taron: "¿Dónde quieres que te preparemos la cena de pascua?" 18Él
> contestó: "Vayan a la ciudad, a casa de Fulano, y díganle: 'El maes-
> tro dice: Se acerca el momento, y quiero celebrar la pascua en tu casa
> con mis discípulos.' " 19Ellos hicieron lo que Jesús les había man-
> dado y prepararon la cena de pascua.

San Mateo abrevia mucho aquí el relato de San Marcos. Mientras que San Marcos resalta el conocimiento detallado de Jesús, San Mateo se concentra en los mandatos claros de Jesús y en la respuesta inmediata de sus discípulos obedientes. La simple oración: "Los discípulos hicieron lo que Jesús les había mandado" resume la clase de discipulado que es el ideal constante en todo el Evangelio.

La declaración de Jesús: "Se acerca el momento," se refiere al momento crítico de su pasión. Esto no se refiere al tiempo cronológico, sino al tiempo cumbre hacia el cual su vida entera se había dirigido (8,29; 13,30; 21,34). Todas estas referencias al "tiempo" lo asocian a las referencias proféticas y apocalípticas al final de los tiempos cuando Dios traerá la salvación definitiva al mundo. San Mateo dice claramente que la muerte de Jesús es el punto decisivo en la historia, el nuevo día de la salvación.

San Mateo 26,20-25

El Traidor. 20Al atardecer, se puso a la mesa con los Doce, 21y mientras cenaban les dijo: "Les aseguro que uno de ustedes me va a entregar." 22Muy entristecidos, se pusieron a decirle uno por uno: "¿Acaso soy yo, Señor?" 23Jesús respondió: "El que come en el mismo plato que yo, ése me entregará. 24El Hijo del hombre se va, tal como está escrito de él; pero ¡ay de aquél que entrega al Hijo del hombre! ¡Más le valdría a ese hombre no haber nacido!" 25Entonces preguntó Judas, el traidor: "¿Soy yo acaso, maestro?" Y Jesús le respondió: "Tú lo has dicho."

El lugar de la cena resalta la tragedia de la traición de Judas. La cena, para la cultura judía y muchas otras, es un símbolo de unidad, una celebración de amistad y de familia, y es este lazo sagrado que Judas rompe.

La pregunta problemática de los discípulos: "¿Acaso soy yo, Señor?" le recuerda a la comunidad de San Mateo que tal tentación y traición es posible para todos y cada uno. Todos los discípulos deben examinarse a sí mismos, especialmente si vienen a compartir la unidad manifestada en la Eucaristía.

San Mateo añade aquí el título "Señor." Él usa el título frecuentemente refiriéndose a Jesús, especialmente cuando los discípulos reconocen su autoridad divina (8,2; 8,25; 12,8; 14,30). Aquí los discípulos se dirigen a Jesús como Señor porque confían en su poder divino. Por otro lado, Judas se dirige a Jesús como "maestro," un término de respeto humano frecuentemente usado hacia Jesús por los no creyentes y por sus oponentes. Judas se dirigirá a Jesús otra vez en Getsemaní con el mismo título cortés pero sin fe cuando lo entrega para ser arrestado.

San Mateo prepara la confrontación de Jesús con el discípulo cuando Judas pregunta, "¿Soy yo acaso, maestro?" a lo cual Jesús contesta: "Tú lo has dicho." Esta es la misma respuesta que Jesús le dará al sumo sacerdote (26,64) y a Pilato (27,11) en su juicio. En cada caso la carga se coloca en el que pregunta y sus propias palabras lo condenan. Cada uno expresa la verdad y la respuesta de Jesús confirma esa verdad.

La acción salvadora de Dios y las acciones pecaminosas de las personas se entrelazan en los relatos de la pasión. La muerte de Jesús no es el simple resultado de la traición de Judas, sino el cumplimiento inevitable de la profecía. Sin embargo, Judas es responsable por su decisión y debe cargar con las consecuencias de lo que escogió.

San Mateo 26,26-30

La Cena del Señor. 26Durante la cena, Jesús tomó pan, pronunció la
bendición, lo partió y dándolo a sus discípulos, dijo: "Tomen y
coman, esto es mi cuerpo." 27Tomó luego un cáliz y, después de dar
gracias, lo dio a los discípulos diciendo: "Beban todos de él, 28porque
ésta es mi sangre, la sangre de la alianza, que se derrama por todos
para el perdón de los pecados. 29Les digo que a partir de ahora no
beberé más de este fruto de la vid hasta el día aquél en que beba con
ustedes un vino nuevo en el reino de mi Padre." 30Y después de cantar los himnos, salieron hacia el monte de los Olivos.

La institución de la Eucaristía en el relato de San Mateo es una modificación leve de la descripción de San Marcos y resulta un relato aún más litúrgico. Fácilmente se puede separar el relato de la narración que lo rodea, puesto que es más posible que sea parte de una oración eucarística más larga. Probablemente es un reporte exacto del modo como la comunidad de San Mateo celebraba la Eucaristía.

El relato del cáliz se transforma en un mandato: "Beban de él," para que sea un paralelo al mandato: "Tomen y coman." La cena consiste de palabras y acciones rituales, como en la gran fiesta de Pascua, que el pueblo judío debía conmemorar una y otra vez. Cada vez que se celebra esta cena, el evento fundador se renueva y se hace nuevamente presente.

San Mateo se enfoca en la unidad de Jesús y sus discípulos. En el versículo 26, San Mateo reemplaza el pronombre "él" usado por San Marcos con el nombre "Jesús," y el pronombre "a ellos" con el nombre "discípulos." Inserta "con ustedes" en el versículo 29 para mostrar que los discípulos serán unidos con Jesús para compartir la victoria final.

Las palabras dichas al tomar el cáliz expresan claramente que esta es la celebración de la alianza. Por medio de su muerte Jesús se convierte en el lazo de sangre entre Dios y el pueblo de Dios. La sangre se consideraba como la fuente de vida, y la "sangre de la alianza" se tomaba claramente del capítulo 24 del Éxodo que narra la ratificación de la alianza con Israel. Esta alianza en la sangre de Jesús trae redención cuando se renueva en la celebración eucarística.

A las palabras dichas al tomar el cáliz, San Mateo añade" "para el perdón de los pecados." Ha enfatizado el ministerio del perdón y de la reconciliación en todo su Evangelio. Antes de su nacimiento se proclamaba: "salvará a su pueblo de los pecados" (1,21). Continuamente se refiere a Jesús como el Siervo doliente que hace reparación por los pecados del pueblo. Después de sus curaciones en el capítulo 8, se cita el Himno del Siervo (Is 53) para mostrar que sufre por los pecados de los demás (8,17). Al fin de su tercera predicción de la pasión, Jesús explica que viene "a dar su vida en rescate por todos" (20,28). Cuando se le desafía al curar al paralítico, Jesús responde: "El Hijo del hombre tiene poder en la tierra para perdonar los pecados" (9,6). Las palabras de Jesús al tomar el cáliz afirman que su muerte es el acto redentor máximo, liberando a la humanidad del poder del pecado.

La alianza "para el perdón de los pecados" se refiere a la profecía cumbre de Jeremías 31, 31-34. Aquí Dios promete establecer una alianza nueva con el pueblo. Estará abierta a todos los pueblos y se caracterizará por una ley interna escrita en sus corazones. Jesús establece esta alianza nueva en su sangre y así cumple las promesas hechas por los antiguos profetas, el perdón de los pecados de su pueblo y el iniciar una relación nueva con la humanidad.

La Última Cena, como todas las cenas pascuales previas, es también una promesa de esperanza. Jesús mira hacia el día cuando beberá del cáliz con sus discípulos en el reino de su Padre. Las palabras de Jesús anticipan su muerte: "no beberé más de este fruto de la vid," pero también mira más allá de su muerte a la gloria futura. El relato de San Mateo añade "con ustedes" para señalar la unidad de Jesús con sus discípulos compartiendo en su reino en el futuro.

Así, el relato de la Última Cena es una predicción de la muerte y resurrección de Jesús y proclama su significado a través de un rico simbolismo bíblico. La Pascua, la alianza, el perdón de los pecados, el Siervo doliente, el reino de Dios, todo enfoca la atención de los lectores en el significado profundo de los últimos actos de Jesús. Los himnos que tradicionalmente se cantan después de la Pascua, el "Hallel" (Salmos

114-118), dan gracias al Señor por su fidelidad constante al redimir al pueblo de Dios. Con tal fe en sus labios, los discípulos fueron con Jesús al Monte de los Olivos.

San Mateo 26,31-35

> **Triple negación de Pedro.** [31]Entonces Jesús les dijo: "Esta noche seré ocasión de tropiezo para todos ustedes, porque está escrito: *Heriré al pastor, y se dispersarán las ovejas del rebaño.* [32]Pero después de resucitar, me encontraré de nuevo con ustedes en Galilea." [33]Pedro le respondió: "Aunque seas ocasión de tropiezo para todos, no lo serás para mí." [34]Jesús le dijo: "Te aseguro que esta misma noche, antes que el gallo cante, me habrás negado tres veces." [35]Pedro le contestó: "Aunque tenga que morir contigo, jamás te negaré." Y lo mismo dijeron todos los discípulos.

El lazo que Jesús ha establecido con sus discípulos es afirmado y puesto a la prueba. La imagen de el pastor y el rebaño se repite aquí para caracterizar ese lazo (9,36; 15,24). San Mateo toma el pasaje de Zacarías 13,7 en que el pastor será herido y las ovejas se dispersarán. Añade la frase "del rebaño" para resaltar la comunidad de los discípulos, la Iglesia. Aunque sus discípulos se dispersarán como ovejas después de su arresto, Jesús les asegura que después que él resucite, irá a Galilea como un pastor ante sus ovejas.

Jesús muestra la debilidad en el lazo del discipulado al decir, "seré ocasión de tropiezo para todos ustedes." Literalmente, la frase dice: "todos ustedes se escandalizarán de mí." El gran peligro para el discipulado es el "tropezar/titubear? Frente al significado pleno de su discipulado. Se alejan por la posibilidad de la cruz. Todos los discípulos de Jesús huyen por lo que le va a pasar a Jesús lo cual no encuadra con las esperanzas mesiánicas de ellos. Aunque Jesús había definido "el discipulado" como el cargar con la cruz propia y seguirlo (16,24), cuando la prueba llega, todos fracasarán.

Manteniendo la atención especial que se da a Pedro en el Evangelio, San Mateo muestra otra vez la debilidad de Pedro en medio de su carácter decisivo. En Cesarea de Filipo el Evangelio dramatiza el rechazo de la cruz por Pedro como innecesario para el mesianismo de Jesús. Solo San Mateo graba la reprensión de Pedro: "¡Dios no lo quiera, Señor, no te ocurrirá eso" (16,23). Además del relato de San Marcos de las palabras de Jesús: "¡Colócate detrás de mí, Satanás!" San Mateo añade: "Eres para mí un obstáculo (un escándalo)" (16,23). Hay una conexión directa entre la escena en Cesarea de Filipo y esta escena en el monte de los Olivos. En ambas escenas Pedro contradice las palabras proféticas de Jesús. Así como Jesús llama a Pedro un "escándalo" para él, Jesús se convertirá un escándalo para Pedro cuando titubea su fe. Pedro se rehusa a considerar la posibilidad de su propio fracaso. San Mateo hace la fidelidad decisiva de Pedro más enfática al añadir "nunca" a la declaración de Pedro de que su fe no titubeará.

La declaración final de Pedro: "Aunque tenga que morir contigo, jamás te negaré," es una profesión maravillosa de como el lazo personal del discipulado debería ser. Sin embargo, Pedro será un ejemplo de la realidad de el fracaso para todos los discípulos futuros. Pedro, el primer discípulo llamado por Jesús (4,18), será el último en abandonarlo. La insistencia confiada de Pedro de que nunca caerá es un contraste marcado con las negaciones repetidas de su discipulado cuando Jesús está en juicio.

San Mateo 26,36-46

> **La Agonía en el Huerto.** 36Entonces fue Jesús con sus discípulos a
> un huerto llamado Getsemaní, y les dijo: "Siéntense aquí mientras
> voy a orar un poco más allá." 37Llevó consigo a Pedro y a los dos
> hijos de Zebedeo; comenzó a sentir tristeza y angustia, 38y les dijo:
> "Me muero de tristeza, quédense aquí y velen conmigo." 39Después,
> avanzando un poco más cayó rostro en tierra y suplicaba así: "Padre
> mío, si es posible, aleja de mí este cáliz de amargura; pero no se
> haga como yo quiero, sino como quieres tú." 40Regresó junto a los
> discípulos y los encontró dormidos. Entonces dijo a Pedro: "¿De
> modo que no han podido velar conmigo ni siquiera una hora?
> 41Velen y oren, para que puedan afrontar la prueba; pues el espíritu
> está bien dispuesto, pero la carne es débil." 42Se alejó de nuevo por
> segunda vez y volvió a orar así: "Padre mío, si no es posible evitar
> que yo beba este cáliz de amargura, hágase tu voluntad." 43Regresó
> y volvió a encontrarlos dormidos, porque sus ojos se cerraban de
> sueño. 44Los dejó y volvió a orar por tercera vez, repitiendo las mis-
> mas palabras. 45Entonces regresó donde estaban los discípulos y les
> dijo: "¿Todavía están durmiendo y descansando? Ha llegado la hora
> y el Hijo del hombre va a ser entregado en manos de los pecadores.
> 46Vamos, levántense. Ya está aquí el que me va a entregar."

En esta escena dramática, la atención no está tanto en la caída de los discípulos, sino en la oración de Jesús. A través de todo su Evangelio, San Mateo muestra la oración de Jesús como el modelo de oración para la comunidad cristiana primitiva. Mientras que San Marcos pone el énfasis en que Jesús regresa tres veces y encuentra a los discípulos dormidos, San Mateo resalta la oración triple de Jesús cuando se prepara fielmente para su arresto.

Jesús ora lamentándose en el estilo tradicional de los hebreos. San Mateo dice que Jesús sintió tristeza y angustia. Empezó a orar en el estilo del Salmo 42 que expresa anhelo por Dios en medio de gran tristeza y angustia. Entonces se cayó postrado, literalmente "rostro en tierra," el gesto reverencial de súplica intensa.

La oración de Jesús está más desarrollada en la escena de San Mateo que en la de San Marcos, y es un ejemplo del tipo de oración que Jesús había enseñado previamente a sus discípulos. Les había dado un modelo de oración en el Padrenuestro (6,9-13), y su oración en Getsemaní es un eco de muchos de los elementos en esa oración.

Jesús se dirige a Dios como "Mi Padre," el título que continúa la metáfora Padre-Hijo usada con mayor frecuencia en el Evangelio según San Mateo (11,27). No sólo oraba a Dios como Padre, sino que les enseñó a sus discípulos a tratar a Dios con esa misma relación íntima (6,9).

La atención de Jesús a la voluntad del Padre en la oración es un eco de la tercera petición en el Padrenuestro (6,10). A pesar de sus temores y debilidades muy humanas, Jesús permanece obediente. Su conformidad con la voluntad del Padre se convierte en el modelo para todos sus seguidores al enfrentarse con el sufrimiento y con decisiones dolorosas.

La sexta petición del Padrenuestro (6,13) se ve cuando Jesús le pide a sus discípulos que oren para que no caigan en la tentación (literalmente: "la prueba"). En ambas oraciones la tentación no se refiere tanto a las atracciones que de vez en cuando presenta el maligno, sino a la última prueba. Los escritores judíos apocalípticos se referían a un período de prueba severa antes del final de los tiempos, algunas veces se les llama "las aflicciones mesiánicas." En el capítulo 24 del Evangelio según San Mateo se da un ejemplo de este modo apocalíptico de escribir cuando Jesús predice la próxima persecución y tribulación. Mientras el compromiso de la comunidad cristiana es puesto a la prueba, el que persevere hasta el fin se salvará.

Jesús da una explicación realista de la naturaleza abrumadora del mal y por qué es tan fácil caer en sus trampas. El "espíritu" y la "carne" son las dos tendencias que luchan dentro de cada persona humana. El espíritu humano es fortalecido por el Espíritu de Dios y así puede permanecer fiel durante la prueba. Pero la "carne," la fragilidad humana y el pecado, es muy débil para ser obediente durante la prueba.

Jesús, por medio de la obediencia de su pasión, es el modelo ejemplar de la fidelidad y de la oración para la comunidad cristiana que sufre. Él permanece vigilante en la oración al acercarse la "hora." Su preparación para la prueba está en contraste fuertemente con el triple regreso de Jesús para encontrar a los discípulos durmiendo. A través de toda la Pasión, las actitudes de una obediencia vigilante y de la falta de preparación por estar adormecidos están constantemente en contraste. Jesús triunfa frente a la prueba y los discípulos caen en la tentación y huyen.

San Mateo 26,47-56

La traición y el arresto de Jesús. 47Aún estaba hablando Jesús
cuando llegó Judas, uno de los Doce, y con él un gran tumulto de
gente con espadas y palos, enviados por los jefes de los sacerdotes y
los ancianos del pueblo. 48El traidor les había dado esta señal: "Al
que yo bese, ése es; arréstenlo." 49En cuanto llegó, se acercó a Jesús y
le dijo: "¡Qué tal, maestro!" Y lo besó. 50Jesús le dijo: "Amigo, ¡a lo
que has venido!" Entonces, se abalanzaron sobre Jesús, lo agarraron
y lo arrestaron. 51Uno de los que estaban con Jesús sacó su espada y,
dando un golpe al criado del sumo sacerdote, le cortó una oreja.
52Jesús le dijo: "Guarda tu espada, que todo el que pelea con espada,
a espada morirá. 53¿O crees que no puedo acudir a mi Padre, que
pondría en seguida a mi disposición más de doce legiones de ánge-
les? 54Pero, ¿cómo se cumplirían las Escrituras, según las cuales
tiene que suceder así?" 55Luego se dirigió a la gente y dijo: "Han sa-
lido a detenerme con espadas y palos como si fuera un bandido. A
diario me sentaba en el templo para enseñar, y no me arrestaron.
56Pero todo esto ha ocurrido para que se cumpla lo que escribieron
los profetas." Entonces todos los discípulos lo abandonaron y
huyeron.

Siguiendo su empeño en resaltar el papel de Judas, San Mateo alarga el intercambio entre Jesús y su traidor. Judas se dirige a él como "maestro," mientras que en otros pasajes los verdaderos discípulos se dirigen a Jesús como "Señor." En el Evangelio según San Mateo sólo Judas usa "maestro" y llega a indicar una respuesta de fe en Jesús que está muy lejos de ser completa. Es el mismo título usado por Judas para preguntarle a Jesús en la Última Cena: "¿Soy yo acaso, maestro?" (26,25).

Después del beso para traicionarlo, Jesús le responde a Judas. Le llama "amigo," un saludo cortés pero irónico. "¡A lo que has venido!" muestra que Jesús está en control de la situación. En efecto, Él da el permiso para que comiencen los eventos finales.

El incidente de la espada está relatado de muy diferente manera por San Mateo. San Marcos se refiere vagamente a uno de los presentes que cortó la oreja del esclavo del sumo sacerdote. Quizás fue un accidente como resultado de la escena de la muchedumbre apiñada. En San Mateo, es uno de los seguidores de Jesús quien cortó la oreja como una reacción muy deliberada. El incidente es seguido por una enseñanza explícita sobre la violencia y la voluntad del Padre.

La reacción violenta de un discípulo es ocasión para que Jesús reafirme su posición de no-violencia. La fuerza de los apresadores había provocado la violencia del discípulo, una respuesta de venganza que Jesús claramente rechaza. Le ordena al discípulo que ponga la espada en su vaina y proclama: "el que pelea con espada, a espada morirá." Al rechazar la violencia como auto-destructiva, Jesús pone en práctica lo que enseñó en el Sermón del Monte: "No enfrenten al que les hace mal" (5,39). "Ámen a sus enemigos y oren por quienes los persiguen" (5,44).

Jesús también rechaza la reacción violenta porque Él no necesita que lo defiendan. Si el Padre quisiera salvar a Jesús por la fuerza, hubiera enviado legiones de ángeles para hacerlo. Libremente Jesús se somete a la voluntad del Padre porque se deben cumplir las Escrituras.

Sólo San Mateo incluye el detalle de que Jesús "se sentaba" en el templo. San Mateo resalta la postura de Jesús para presentarlo como el maestro de su Iglesia. A través de todo el Evangelio, la postura de estar sentado expresaba la autoridad de la enseñanza de Jesús al principio de sus discursos principales (5,1; 13,1; 15,29).

Jesús concluye esta sección explicando: "Todo esto ha ocurrido para que se cumpla lo que escribieron los profetas." Esta manera de nombrar las Escrituras es singular en San Mateo y encuadra con todo su Evangelio. A través de todo el Evangelio ha citado a los profetas para mostrar su cumplimiento en la vida de Jesús. Se refería a las Escrituras como "los profetas y la ley" (11,13) y ve a Jesús como el cumplimiento del canon del Antiguo Testamento. San Mateo entiende toda la pasión-resurrección como un evento cumbre que cumple la profecía de las Escrituras.

San Mateo 26,57-68

Jesús ante el Consejo de Ancianos. 57Los que arrestaron a Jesús lo llevaron a casa del sumo sacerdote Caifás, donde estaban reunidos los maestros de la ley y los ancianos. 58Pedro lo seguía de lejos hasta el palacio del sumo sacerdote; entró y se sentó con los criados para ver cómo terminaba todo. 59Los jefes de los sacerdotes y todo el Consejo de Ancianos buscaban una acusación falsa contra Jesús con intención

de darle muerte. [60]Pero no la encontraron, a pesar de que se presen-
taron muchos testigos falsos. Al fin se presentaron dos, [61]que de-
clararon: "Este ha dicho: 'Puedo destruir el templo de Dios, y
reconstruirlo en tres días.' " [62]Entonces el sumo sacerdote tomó la
palabra y le preguntó: "¿No respondes nada? ¿De qué te acusan
éstos?" [63]Pero Jesús callaba. El sumo sacerdote le dijo: "Te conjuro
por Dios vivo dinos si tú eres el Mesías, el Hijo de Dios." [64]Jesús le
respondió: "Tú lo has dicho; y además les digo que a partir de ahora
verán *al Hijo del hombre sentado a la derecha del Todopoderoso, y que
viene sobre las nubes del cielo.*" [65]Entonces el sumo sacerdote rasgó sus
vestiduras y dijo: "¡Ha blasfemado! ¿Qué necesidad tenemos ya de
testigos? Acaban de oír la blasfemia. [66]¿Qué les parece?" Ellos re-
spondieron: "Merece la muerte." [67]Entonces se pusieron a escupirlo
en la cara y a darle bofetadas; otros lo golpeaban, [68]diciendo: "Mesías,
adivina quién te ha golpeado."

El juicio judío está tomado del relato de San Marcos, que lo presenta como un juicio completo, legal. San Lucas y San Juan presentan el evento sólo como un examen de testigos, que llevaría al juicio completo ante Pilato. San Mateo solo anota que el sumo sacerdote era Caifás. La asamblea gubernativa se reunió en su casa para hacer el juicio sobre Jesús.

Pedro sigue a la multitud a cierta distancia entrando al patio de Caifás. San Mateo elimina el colorido detalle que San Marcos da sobre Pedro calentándose cerca del fuego. En lugar de eso, San Mateo afirma que el propósito de Pedro para estar allí era: "ver cómo terminaba todo." La palabra "terminaba" tiene diferentes significados (término, resultado, meta) y, así, el pasaje tiene varios niveles de significado. Pedro viene a ser testigo del resultado del juicio, el fin de la vida de Jesús, y la meta hacia la cual había dirigido toda su vida.

San Mateo declara con claridad la ilegitimidad del juicio y presenta constantemente una imagen negativa de los líderes judíos. Desde el principio anota que la intención del Consejo de los Ancianos era obtener un testimonio falso para que Jesús pudiera ser condenado a muerte.

San Marcos dice que los testigos eran falsos y no estaban de acuerdo. San Mateo implica que los dos testigos son verdaderos, puesto que ambos están de acuerdo sobre las palabras de Jesús. Las palabras que ellos le atribuyen a Jesús son verdaderas irónicamente. San Mateo cambia las expresiones de San Marcos: "Yo destruiré este templo" y "construiré otro" por "Puedo destruir el templo . . . y reconstruirlo."

El poder mesiánico de Jesús se extiende al templo mismo. Jesús había afirmado su autoridad anteriormente en el Evangelio: "Yo les digo que aquí hay alguien más importante que el templo" ((12,6). El templo en Jerusalén ya había sido destruido (70 d.C.) cuando San Mateo escribió su Evangelio. La declaración de los testigos aquí no es tanto sobre la destrucción física, sino sobre la identidad mesiánica de Jesús.

Las preguntas que el sumo sacerdote le hizo a Jesús se trataban de la identidad de Jesús como "Cristo" e "Hijo de Dios." A través de todo el Evangelio, San Mateo ha desarrollado estos títulos para proclamar la identidad verdadera de Jesús. Con el título "Cristo," San Mateo ha mostrado que Jesús es el Mesías de Israel, predicho por los profetas. "Hijo de Dios" expresa claramente la intimidad singular de Jesús con Dios, y su autoridad divina. Así, la pregunta del sumo sacerdote resume los desarrollos cristológicos principales del Evangelio.

La pregunta del sumo sacerdote trae a la mente los mismos títulos de fe usados en la profesión de Pedro (16, 16). Pedro pudo afirmar la identidad de Jesús con una fe parcial, aunque no comprendía la necesidad de sufrir. El sumo sacerdote hace su pregunta con total incredulidad y Jesús no le contesta directamente debido a la idea limitada de esos títulos. Jesús responde de la misma forma como le respondió a Judas (26,25): "Tú lo has dicho."

El título "Hijo del Hombre" en el Evangelio de San Mateo se usa para complementar el mesianismo de Jesús bajo sufrimiento. Cuando se usa el Hijo del Hombre se refiere al reinado glorioso de Jesús, a su función como juez del mundo, y a su regreso en gloria (10,23; 13,41; 16,27-28; 19,28; 24,30; 25,31). Así como la identidad de Jesús, Hijo de Hombre, completó la profesión de Pedro sobre Jesús el Mesías y el Hijo de Dios en Cesarea de Filipo (16,27), aquí Jesús completa la pregunta del sumo sacerdote sobre su identidad con palabras similares. Aludiendo al Salmo 110,1 y al libro de Daniel 7,13, Jesús habla del verdadero significado de su muerte que lo llevará a su glorificación y exaltación.

Después de el gesto dramático del sumo sacerdote, el Consejo de los Ancianos juzga que Jesús merece la muerte. El profeta Jeremías, que prefigura el ministerio y la muerte de Jesús con su propia vida, también fue juzgado digno de muerte porque profetizó que el templo sería destruido (Jer 26,8. 11). El Consejo de los Ancianos no condenó formalmente a Jesús durante esta sesión nocturna. San Mateo presenta claramente que fue el Consejo de los Ancianos el que empezó a burlarse de Jesús como si fuera un profeta falso. La burla se enfoca en su mesianismo, el tema central en el juicio judío, mientras que el juicio romano lo condenará por un crimen político.

San Mateo 26,69-75

Negaciones de Pedro. 69Pedro estaba afuera, sentado en el patio. Se
le acercó una criada y le dijo: "Tú también estabas con Jesús, el Gali-
leo." 70Pero él lo negó ante todos, diciendo: "No sé de qué me hablas."
71Salió después al portal, lo vio otra criada y dijo a los que estaban
allí: "Este andaba con Jesús de Nazaret." 72Y por segunda vez negó
con juramento: "Yo no conozco a ese hombre." 73Poco después se
acercaron a Pedro los que estaban allí y le dijeron: "No hay duda de
que tú eres uno de ellos; se nota en tu acento." 74Entonces él se puso
a maldecir y a jurar: "¡No conozco a ese hombre!" Inmediatamente
cantó un gallo. 75Pedro recordó lo que Jesús le había dicho: "Antes
que cante el gallo, me habrás negado tres veces." Y saliendo afuera,
lloró amargamente.

San Mateo hace más dramático el relato de las negaciones de Pedro puesto la triple negación escala gradualmente en la escena. Primero, Pedro dice que no sabe lo que la criada está diciendo. Luego, a la pregunta de otra muchacha, niega explícitamente que conoce a Jesús. Cuando uno de los presentes se acerca y lo acusa, Pedro empieza a maldecir y jurar que no tiene conocimiento de Jesús.

La acusación hecha contra Pedro es que él estaba "con Jesús." Se usa la misma frase en otras escenas para indicar el lazo que existía entre Jesús y sus discípulos. Es esa afinidad con Jesús, una relación cultivada a través de muchas experiencias, lo que Pedro niega en el momento de su debilidad.

San Mateo solo anota que Pedro niega a Jesús "ante todos." A través de su Evangelio, San Mateo recalca la importancia del testimonio público como un aspecto esencial del discipulado. Al hablar de su misión, Jesús dijo: "Si alguno está de mi parte ante los hombres, también yo estaré de su parte en presencia de mi Padre que está en los cielos; pero a quien me niegue ante los hombres, yo también lo negaré en presencia de mi Padre que está en los cielos" (10,32-33). La proclamación de Jesús ante el Consejo de los Ancianos está en un contraste fuerte con la negación de Pedro.

El canto del gallo ocurre cuando esta escena llega a la cumbre. La predicción de Jesús en la Última Cena y su cumplimiento en la negación de Pedro están simplificados con un solo canto del gallo. San Marcos, con su característica atención a los detalles, habla de un segundo canto del gallo. Esa señal inolvidable causa que Pedro recuerde la predicción de Jesús seguida por su propia declaración vehemente de lealtad.

Dado el papel central de Pedro como el que habla por todos los discípulos y como la roca de la Iglesia en el Evangelio de San Mateo, ésta escena tiene un significado intenso. Es una admonición para todos los discípulos futuros, especialmente para los líderes de la Iglesia. Sin embargo, en contraste con Judas, la experiencia de Pedro ofrece esperanza. Pedro lloró amargamente por su comportamiento y se arrepintió, mientras que Judas se desesperó.

San Mateo 27,1-2

Jesús ante Pilato. 1Cuando amaneció, todos los jefes de los sacer-
dotes y los ancianos del pueblo tomaron la decisión de matar a
Jesús. 2Lo llevaron atado y lo entregaron a Pilato, el gobernador.

La decisión oficial de matar a Jesús la hace el Consejo de los Ancianos en la mañana, después del juicio de toda la noche. Esta decisión se hace más formal y deliberada en el Evangelio según San Mateo al recalcar que se hizo después de una noche larga de preguntas y burlas. Cuando se entrega a Jesús ante Pilato, la tercera predicción de la pasión continúa cumpliéndose: "El Hijo del hombre va a ser entregado a los jefes de los sacerdotes y maestros de la ley, que lo condenarán a muerte, y lo entregarán a los paganos, para que se burlen de él, lo azoten y lo crucifiquen" (20,18-19).

Pilato era el prefecto del año 26 al 36 d.C. San Mateo continuamente se refiere a él como el "gobernador," señalando su poder político y militar. El título es un recuerdo de las palabras que Jesús dijo a sus discípulos cuando les habló de la misión de ellos: "Serán llevados por mi causa ante gobernadores y reyes, para que den testimonio ante ellos y ante los paganos" (10,18).

San Mateo 27,3-10

La muerte de Judas. 3Mientras tanto, Judas, el traidor, al ver que
habían condenado a Jesús, sintió remordimiento y devolvió las
treinta monedas de plata a los jefes de los sacerdotes y a los ancia-
nos 4diciendo: "He pecado entregando a un inocente." Ellos contes-
taron: "¿A nosotros qué nos importa? Allá tú." 5Entonces Judas,
arrojando en el templo las monedas, se retiró, luego fue y se ahorcó.
6Los jefes de los sacerdotes tomaron las monedas y dijeron: "No se
pueden echar en el tesoro del templo, porque son precio de sangre."
7Y después de deliberar, compraron con ellas el campo del alfarero
para sepultura de los extranjeros. 8Por eso, aquel campo se llama

hasta hoy "Campo de sangre". [9]Así se cumplió lo anunciado por el
profeta Jeremías: *Tomaron las treinta monedas de plata, precio que le pu-*
sieron los hijos de Israel, [10]*y compraron el campo del alfarero, según lo que*
me mandó el Señor.

San Mateo es el único evangelista que relata la fortuna de Judas. San Lucas, en los Hechos 1,18-19, habla de una tradición similar, aunque con varias diferencias. En ambos casos hay una explicación del nombre "Campo de Sangre." En el Evangelio según San Mateo el campo fue comprado por los jefes de los sacerdotes y la "sangre" se refiere al dinero usado para comprarla. En la versión de San Lucas, Judas mismo compra el campo y derrama su propia sangre sobre él por una caída fatal.

Al ver a Jesús condenado a muerte, Judas sintió un remordimiento profundo por su traición. San Mateo evita deliberadamente el usar la palabra común para el arrepentimiento porque el remordimiento de Judas probablemente no era una conversión profunda del corazón. Sin embargo, Judas reconoce su error al traicionar sangre inocente y regresa las treinta monedas de plata.

Al predecir la traición de Judas en la Última Cena, Jesús había expresado la tragedia del crimen: "¡ay de aquél que entrega al Hijo del hombre! ¡Más le valdría a ese hombre no haber nacido!" (26,24). Judas se desespera y se ahorca. El hecho recuerda a Ajitofel, traidor del Rey David, que se ahorcó después del crimen (2 Sam 17,23).

San Mateo alude, como es característico de él, al Antiguo Testamento para interpretar la muerte de Judas y atribuir el pasaje a Jeremías. Sin embargo es en realidad una combinación de varios textos tanto de Zacarías como de Jeremías. Zacarías 11, 13 habla de las treinta monedas de plata arrojadas al tesoro del templo. Varios textos de Jeremías hablan de un jarro del alfarero en el Valle del Ben-Hinón porque allí el pueblo de Jerusalén había adorado dioses falsos y habían derramado sangre inocente. El lugar recibió otro nombre: el Valle de la Matanza y se usó como cementerio. Así, el Campo de Sangre será un signo del juicio sobre Jerusalén por las decisiones de Judas y de los líderes religiosos de la ciudad de derramar la sangre de su Mesías inocente.

Al mostrarnos la última acción tanto de Pedro como de Judas en el relato de la pasión, San Mateo presenta un contraste fuerte. Pedro "salió y empezó a llorar amargamente," mientras que Judas "se fue y se ahorcó." La falta de dos discípulos prominentes y su fortuna última es al mismo tiempo una advertencia y un mensaje de esperanza para la Iglesia futura.

San Mateo 27,11-14

Interrogatorio de Pilato. [11]Jesús compareció ante el gobernador, y éste le preguntó: "¿Eres tú el rey de los judíos?" Jesús respondió: "Tú lo dices." [12]Pero no respondió nada a las acusaciones que le hacían los jefes de los sacerdotes y los ancianos. [13]Entonces Pilato le preguntó: "¿No oyes todo lo que dicen contra ti?" [14]Pero él no le respondió nada, de suerte que el gobernador se quedó muy extrañado.

Después de el relato sobre el suicidio de Judas, San Mateo continúa la idea principal de la narración cuando Jesús es entregado a Pilato. La primera pregunta del gobernador: "¿Eres tú el rey de los judíos?" se vuelve la pregunta central del juicio. El título: "rey de los judíos" es usado solamente por los paganos en el Evangelio según San Mateo. Fue el título que usaron los Reyes Magos cuando buscaban a Jesús (2,2). Será usado una vez más cuando los soldados se burlan de Jesús (27,29) y será la inscripción que se pone en la cruz (27,37). El reclamar un reinado político era una traición contra el imperio romano, un crimen que debía castigarse con la muerte.

Las respuesta de Jesús: "Tú lo has dicho," es a la vez una afirmación de su verdad y una separación del sentido en el cual se decía. Jesús es el rey, pero no en el sentido político que Pilato le daba. Jesús usó esta misma respuesta para aquellos que expresaban la verdad, pero de una manera hostil e incompleta: Judas (26,25) y el sumo sacerdote (26,64).

San Mateo resalta el silencio de Jesús ante todas estas acusaciones. Como lo ha hecho en todo el Evangelio, asocia a Jesús con el Siervo doliente en el capítulo 53 del Libro de Isaías. Él sobrellevó este duro maltrato en silencio en reparación por los pecados del pueblo. La gran sorpresa de Pilato puede ser también una referencia al mismo Canto del Siervo doliente (Isaías 52,14-15).

San Mateo 27,15-26

La Sentencia de Muerte. [15]Por la fiesta, solía el gobernador conceder al pueblo la libertad de un preso, el que ellos quisieran. [16]Tenía entonces un preso famoso, llamado Barrabás. [17]Así que, viéndolos reunidos, les preguntó Pilato: "¿A quién quieren que les suelte, a Barrabás o a Jesús, el llamado Mesías?" [18]Pues se daba cuenta de que lo habían entregado por envidia. [19]Estaba aún sentado en el tribunal cuando su mujer envió este mensaje: "No te metas con ese justo, porque esta noche he tenido pesadillas horribles por su causa." [20]Los jefes de los sacerdotes y los ancianos persuadieron a la

gente para que pidiera la libertad de Barrabás y la muerte de Jesús.
21El gobernador volvió a preguntarles: "¿A quién de los dos quieren
que les suelte?" Respondieron ellos: "A Barrabás." 22Pilato preguntó
de nuevo: "¿Y qué hago entonces con Jesús, el llamado Mesías?" Re-
spondieron todos: "¡Crucifícalo!" 23El les dijo: "Pues, ¿qué mal
hecho?" Pero ellos gritaron todavía más fuerte: "¡Crucifícalo!" 24Vi-
endo Pilato que no conseguía nada, sino que la gente se amotinaba
cada vez más, tomó agua y se lavó las manos ante el pueblo, dici-
endo: "No me hago responsable de esta muerte; allá ustedes." 25Y
todo el pueblo contestó "Nosotros y nuestros hijos nos hacemos re-
sponsables de esta muerte!" 26Entonces les soltó a Barrabás; y a
Jesús, después de azotarlo, lo entregó para que fuera crucificado.

La costumbre de soltar a un preso en la fiesta de la Pascua era probablemente una concesión a los judíos de parte de los romanos. La fiebre nacionalista se agudizaba durante la fiesta de la liberación y el permitirles escoger a un preso para soltarlo hubiera enfriado su efervescencia. San Mateo presenta esta escena como una decisión cumbre en su relato de la pasión.

La preferencia del pueblo es clara. San Mateo hace varios cambios y adiciones al Evangelio según San Marcos para resaltar esa decisión. En unos cuantos manuscritos antiguos se lee: "Jesús Barrabás" en los versículos 16 y 17. Puesto que Jesús era un nombre judío común es probable que ése sea el nombre original y luego, más tarde, fue eliminado del texto por respeto a ese nombre. El nombre Barrabás significa "Hijo del Padre." Así, el contraste es obvio entre Jesús Barrabás y Jesús el Mesías.

La decisión se dramatiza aún más cuando San Mateo añade la escena con la esposa de Pilato. Irónicamente se le presenta como una pagana que presenta la inocencia del Mesías judío. Así como los Magos extranjeros reconocieron a Jesús en su infancia (2,2), San Mateo continúa mostrando que los paganos están más dispuestos para la salvación que los judíos. Al reflexionar sobre el conflicto entre el cristianismo y el judaísmo en la comunidad de San Mateo, estas escenas nos llevan a la comisión final por Jesús: "Vayan y hagan discípulos a todos los pueblos" (28,19).

El sueño de la esposa de Pilato también recuerda los muchos sueños en el relato de la infancia. Todos ellos son avisos divinos sobre el destino del Mesías. San José y los Magos respondieron a esos sueños y salvaron al Rey de los Judíos de aquéllos que buscaban destruirlo. Esta vez la oportunidad de salvar a Jesús se pierde cuando Pilato sucumbe a las exigencias de los judíos.

San Mateo se enfoca en la culpa de las autoridades judías y en el dilema de Pilato. Anota que era por envidia que los líderes judíos entregaron a Jesús. Fueron los jefes de los sacerdotes y los ancianos los que persuadieron a la multitud a escoger a Barrabás y a pedir la muerte de Jesús. Cuando Pilato pregunta qué ha hecho Jesús para establecer su inocencia, la muchedumbre exige su muerte con mayor vehemencia. San Mateo cambia los gritos de la muchedumbre de la forma que usa San Marcos: "Crucifícalo" a la expresión de un deseo: "Que sea crucificado" [Nota de la traductora: Aunque este cambio no se usa en la Biblia que estamos usando para este libro, se puede ver en otras ediciones como en la *Nueva Biblia Española*] lo que añade importancia a la responsabilidad de la muchedumbre por la crucifixión. Pilato accedió a sus exigencias sólo cuando se dio cuenta que no lograría convencerlos de la inocencia de Jesús y que empezaba un levantamiento.

Toda esta sección está ligada con la palabra "sangre." Judas admite que ha traicionado sangre inocente. Los jefes de los sacerdotes se refieren a las treinta monedas de plata como el precio de sangre y con esa cantidad compran un campo llamado "Campo de sangre." Pilato declara que es inocente de la sangre de Jesús y el pueblo pide que esa sangre caiga sobre ellos y sobre sus hijos.

San Mateo es el único que relata la escena de Pilato lavándose las manos. Este gesto dramático parece estar tomado de una práctica en el Antiguo Testamento (Deut 21,6-9). Este gesto simbólico indica la inocencia de uno cuando se derrama injustamente la sangre humana, y es una petición para ser absuelto de toda culpa.

La respuesta dramática del pueblo también se encuentra únicamente en el Evangelio de San Mateo y es importante para el propósito general de su Evangelio. La palabras: "caiga su sangre sobre nosotros y sobre nuestros hijos" [que es la traducción literal] es un eco de textos del Antiguo Testamento que expresan culpa colectiva por el derramamiento de sangre inocente (Jer 26,15). La palabra "muchedumbre" ya no se usa, sino "Todo el pueblo" que es una expresión usada constantemente por San Mateo al referirse al pueblo de Israel por quien Jesús fue enviado.

El versículo 25, usado frecuentemente como la excusa para el antisemitismo vehemente a través de los siglos del cristianismo, debe interpretarse responsablemente. La polémica refleja la hostilidad de la comunidad de San Mateo hacia el judaísmo farisaico durante el tiempo en que se escribió este Evangelio. La responsabilidad por la sangre de Jesús cumple las últimas palabras de Jesús en sus maldiciones sobre los escribas y fariseos: "Así se hacen responsables de toda la sangre inocente derramada sobre la tierra" (23,35). San Mateo vio la Guerra Judía y la destrucción de Jerusalén y del templo como un resultado visible de su decisión fatal.

El énfasis general del evangelista sobre la fundación de la Iglesia muestra que la decisión de Israel da comienzo al nuevo pueblo de Dios. Israel ha perdido el derecho exclusivo de ser el pueblo de Dios; ahora ese privilegio debería dársele "a un pueblo que dé a su tiempo los frutos" (21,43). Ese pueblo nuevo es la Iglesia que incluye a judíos y paganos.

San Mateo 27,32-44

El Víacrucis. 32Cuando salían, encontraron a un hombre de Cirene,
llamado Simón, y lo obligaron a llevar la cruz de Jesús. 33Al llegar al
lugar llamado Gólgota, es decir, lugar de la Calavera, 34dieron a
Jesús vino mezclado con hiel para que lo bebiera, pero, después de
probarlo, no quiso beberlo.
La Crucifixión· 35Los que lo crucificaron *se sortearon su ropa y se la*
repartieron. 36Y se sentaron allí para custodiarlo. 37Sobre su cabeza
pusieron un letrero con la causa de su condena: "Éste es Jesús, el rey
de los judíos." 38Al mismo tiempo crucificaron a dos bandidos, uno
a su derecha y otro a su izquierda. 39Los que pasaban por allí lo in-
sultaban haciendo muecas 40y diciendo: "Tú, que destruías el tem-
plo y lo construías en tres días, sálvate a ti mismo; si eres Hijo de
Dios, baja de la cruz." 41Y de la misma manera los jefes de los sacer-
dotes, junto con los maestros de la ley y los ancianos, se burlaban de
él diciendo: 42"A otros salvó, y así mismo no puede salvarse. Si es
rey de Israel, que baje ahora de la cruz, y creeremos en él. 43Ha
puesto su confianza en Dios; que lo libre ahora, si es que lo quiere,
ya que decía: 'Soy Hijo de Dios.'" 44Hasta los bandidos que habían
sido crucificados junto con él lo insultaban.

Como no se podía matar a los criminales dentro de los muros de la ciudad santa, llevaron a Jesús fuera de Jerusalén a una pequeña colina llamada Gólgota. Se omiten los detalles sobre la familia de Simón de Cirene probablemente porque su familia no era conocida por la comunidad de San Mateo. San Mateo se refiere al Salmo 69,22 más explícitamente al cambiar lo que dice San Marcos: "vino mezclado con mirra" a "vino mezclado con hiel," un extracto amargo y venenoso. Las vestiduras de un hombre ejecutado se las daban a los verdugos, y el Evangelio incluye este incidente como el cumplimiento del Salmo 22,19. El acto de la crucifixión casi ni se menciona, al mismo tiempo que se resaltan los detalles incidentales para mostrar como todo el evento cumple las Sagradas Escrituras.

San Mateo extiende la inscripción en la cruz, escrita arriba de la cabeza de Jesús: "Éste es Jesús, el Rey de los Judíos." Con frecuencia San Mateo substituye el nombre de Jesús con los pronombres usados por San Marcos. El nombre de Jesús se hace más significativo, especialmente porque San Mateo había interpretado ese nombre al principio de su Evangelio: "le pondrás por nombre Jesús, porque él salvará a su pueblo de los pecados" (1,21). Una vez más, el título "Rey de los judíos" se convierte en una proclamación irónica de la verdad. Los dos revolucionarios, uno a su derecha y otro a su izquierda, se convierten en su corte real.

Las burlas dirigidas a Jesús en la cruz siguen esencialmente la forma que les dio San Marcos. Primero se mofan de Jesús los que están presentes burlándose del poder que había dicho que tenía sobre el templo. Luego, los jefes judíos lo ridiculizan como rey de Israel. Finalmente, los dos crucificados a ambos lados de Jesús lo ultrajan, pero no se mencionan sus palabras.

El Evangelio según San Mateo añade significativamente a esta sección cuando entreteje el título trascendental: Hijo de Dios. Lo añade a la primera burla: "Si eres el Hijo de Dios, baja de la cruz." Esta condición es un eco del desafío que el demonio le presentó en el desierto (4,3-9). Cada una de las tentaciones burlescas tenía el fin de alejar a Jesús de su misión. Ahora en lugar de pedirle que cambie las piedras en pan o que se tire del templo o que adore a Satanás, se le pide que "baje de la cruz."

Las últimas palabras de las burlas también son particulares de San Mateo: "Ha puesto su confianza en Dios; que lo libre ahora, si es que lo quiere, ya que decía: 'Soy Hijo de Dios'." Las palabras combinan dos citas bíblicas; la primera parte es una cita del Salmo 22,9 y toda la cita refleja lo que se dice en el libro de Sabiduría 2,18-20. En Sabiduría 2, el justo reclama ser hijo de Dios y por eso se le condena a una muerte vergonzosa. Sus enemigos lo prueban para ver si Dios lo defiende y lo rescata.

Esta adición de los pasajes del Hijo de Dios caen bien en el plan de San Mateo. Se había revelado a Jesús como Hijo de Dios en su infancia (2,15), en su bautismo (3,17), y en la transfiguración (17,5). Los discípulos lo proclamaron como Hijo de Dios cuando estaban en la barca, y San Pedro lo afirmó como Hijo del Dios vivo en Cesárea de Filipo. Pero, para todos, un Hijo de Dios crucificado es imposible de aceptar, y el insulto de los jefes judíos fue la prueba final de la filiación divina de Jesús. Lo que parece como una prueba convincente de que Jesús no es el hijo de Dios, se convierte para San Mateo, en la prueba decisiva de que Jesús confía y obedece hasta el fin.

San Mateo 27,45-56

La Muerte de Jesús. [45]Desde el mediodía, toda la región, se cubrió de
tinieblas hasta las tres de la tarde. [46]A esa hora Jesús gritó con fuerte
voz: *"Elí, Elí. ¿lemá sabaktani?"* Que quiere decir: *Dios mío, Dios mío,
¿Por qué me has abandonado?* [47]Algunos de los que estaban allí, al oírlo,
decían: "Está llamando a Elías." [48]En seguida, uno de ellos fue co-
rriendo en busca de una esponja, la empapó en vinagre y, sujetándola
en una caña, le ofrecía de beber. [49]Los otros decían: "Vamos a ver si
viene Elías a salvarlo." [50]Y Jesús, dando de nuevo un fuerte grito, en-
tregó su espíritu. [51]Entonces, la cortina del templo se rasgó en dos par-
tes de arriba abajo, la tierra tembló y las piedras se resquebrajaron; [52]se
abrieron los sepulcros y muchos santos que habían muerto resucita-
ron, [53]salieron de los sepulcros y, después de que Jesús resucitó, en-
traron en la ciudad santa y se aparecieron a muchos. [54]El oficial romano,
y los que estaban con él custodiando a Jesús, al sentir el terremoto y
ver todo lo que pasaba, se llenaron de miedo y decían: "Verdadera-
mente éste era Hijo de Dios." [55]Muchas mujeres que habían seguido a
Jesús desde Galilea para asistirlo, estaban allí y contemplaban la es-
cena desde lejos. [56]Entre ellas, estaban María Magdalena y María, la
madre de Santiago y de José, y la madre de los Zebedeos.

Como en todos los relatos del Evangelio, los aspectos físicos de los sufrimientos y muerte de Jesús están narrados brevemente y con datos precisos sin mucho comentario. El énfasis está en el significado de estos hechos y en su correspondencia con las Sagradas Escrituras. San Mateo se extiende en los hechos que acompañan la muerte de Jesús, con el fin de enfocarse en los temas centrales de su relato de la pasión.

Las tinieblas que cubrieron la tierra es una idea común profética y apocalíptica que expresa el juicio divino del Día del Señor (Amos 8,9). La nota de San Mateo que cubrieron "toda" la tierra señala su referencia adicional a la novena plaga que precedió la liberación de Israel.

El grito de Jesús desde la cruz es una cita de las primeras palabras del Salmo 22. Pero donde San Marcos cita las palabras de Jesús en Arameo ("Eloí, Eloí"), San Mateo cita las palabras en hebreo, "Elí, Elí," que significa, "Dios mío, Dios mío." El cambio clarifica la razón de la confusión de la muchedumbre al creer que Jesús llamaba a Elías. Como se creía que Elías venía en ayuda de los afligidos, y como su nombre se deriba de la misma palabra hebrea que Elí, la confusión parece muy natural.

San Mateo cambia sutilmente la descripción directa de San Marcos del último momento de Jesús. El verbo "gritó" es la misma palabra usada repetidamente en el Salmo 22 y en otros lamentos para describir a una persona expresando una oración desesperada. La frase: Jesús "entregó su espíritu" resalta su control sobre su propio destino y su obediencia al entregar su vida.

Los hechos que ocurren después de la muerte de Jesús ayudan a interpretar el significado de su muerte. Con la excepción de que la cortina del templo se rasgó, las señales milagrosas son una contribución particular de San Mateo y reflejan su interés en el cumplimiento de las Sagradas Escrituras. El temblor, la apertura de las tumbas, la resurrección y la aparición de los santos son todos hechos de tipo apocalíptico para el final de los tiempos.

En el Antiguo Testamento un temblor señala la presencia de Dios y la manifestación de Su poder. En su discurso apocalíptico, Jesús habla de temblores como uno de los signos que marcan "el comienzo de un doloroso alumbramiento" (24,8). Es un signo común en la literatura judía para mostrar el abandono del mundo viejo y el amanecer del reino de Dios.

El temblor lleva a que las rocas se separen y a la liberación de los santos de sus sepulturas de roca. La resurrección de los muertos marca el principio de la era nueva comenzada con la muerte y resurrección de Jesús. El que las sepulturas se abran, se refiere a la profecía de Ezequiel: "Y cuando abra sus tumbas y los saque de ellas, reconocerán que yo soy el Señor" (Ez 37,13). La resurrección marca un principio nuevo y un reconocimiento de la presencia de Dios.

Los santos que fueron resucitados representan a las personas santas del Antiguo Testamento. Aunque la muerte y resurrección de Jesús es el origen de un pueblo nuevo, Dios no abandona a los santos de Israel. San Mateo expresa claramente que la resurrección de Jesús precede la aparición de los santos en Jerusalén.

La confesión cumbre de la fe cristiana la hace no sólo el centurión, con en el relato de San Marcos, sino también los que estaban con él vigilando a Jesús. Como los discípulos ya habían confesado que Jesús es el Hijo de Dios, San Mateo clarifica que eso es la apertura de la fe para los paganos. Otra vez, el Salmo 22 influye en la escena final puesto que San Mateo muestra el alcance de la salvación obtenida por Jesús: "Al recordarlo retornará al Señor la tierra entera, todas las naciones se postrarán ante él" (Salmo 22,28).

San Mateo 27,57-61

El Entierro de Jesús. [57]Al caer la tarde, llegó un hombre rico, llamado José, originario de Arimatea, que también se había hecho discípulo de Jesús. [58]Este José se presentó a Pilato y le pidió el cuerpo de Jesús. Pilato mandó que se lo entregaran. [59]José tomó el cuerpo, lo envolvió en una sábana limpia [60]y lo puso en un sepulcro nuevo que había hecho excavar en la roca. Tapó la entrada del sepulcro con una gran piedra y se fue. [61]María Magdalena y la otra María estaban allí, sentadas frente al sepulcro.

San Mateo abrevia el relato del entierro pero da unos cuantos detalles más. No llama a José "un miembro distinguido del consejo," probablemente para separarlo del juicio de Jesús. En lugar de eso, San Mateo añade que José de Arimatea era un hombre rico, y que era discípulo de Jesús.

Los detalles añadidos por San Mateo muestran la devoción de José, quien permaneció fiel a Jesús al final. Sólo San Mateo anota que el sudario estaba hecho de lino limpio, que la tumba era nueva, y que era propiedad personal de José. También, las mujeres permanecen fieles, allí en la vigilia silenciosa frente a la tumba.

La escena, como en el relato de San Marcos, es una preparación para el drama de la resurrección. San Mateo añade que la piedra que cerraba la entrada al sepulcro era muy grande. El hecho que la tumba había sido recientemente excavada en la roca y que se sabía que era propiedad de una persona importante la distingue de todas las otras tumbas alrededor de Jerusalén. Y el hecho que las mismas dos mujeres que verán la tumba vacía también vieron el lugar preciso donde pusieron el cuerpo de Jesús es una defensa de la realidad de la resurrección.

San Mateo 27,62-66

El Sepulcro Custodiado. [62]Al día siguiente, es decir, el día después de la preparación de la pascua, los jefes de los sacerdotes y los fariseos se reunieron ante Pilato [63]y le dijeron: "Señor, recordamos que ese impostor dijo cuando aún vivía: 'A los tres días resucitaré.' [64]Así que manda asegurar el sepulcro hasta el día tercero, no sea que vengan sus discípulos, roben su cuerpo y digan al pueblo que ha resucitado de entre los muertos, y este último engaño sea peor que el primero." [65]Pilato les respondió: "Ahí tienen la guardia, vayan y asegúrenlo como ustedes saben hacer." [66]Ellos fueron, aseguraron el sepulcro y sellaron la piedra dejando allí la guardia.

Esta última escena antes del relato de la resurrección se encuentra sólo en el Evangelio de San Mateo. Refleja la controversia que tenían entre judíos y cristianos en la comunidad de San Mateo y en la mayor parte de Israel durante el primer siglo. Los dos grupos tenían radicalmente dos explicaciones diferentes de la tumba vacía. Los judíos explicaban la resurrección como una trampa diciendo que los discípulos habían robado el cuerpo de Jesús sacándolo de la tumba. Los cristianos proclamaban que era un acto de la vindicación y triunfo de Dios. San Mateo quiere asegurar a sus lectores que el cuerpo de Jesús no había sido robado puesto que los judíos mismos sellaron la tumba y pusieron guardias para custodiarla.

Los jefes de los sacerdotes y los fariseos llaman a Jesús un "impostor," una descripción que no se le había dado previamente en el Evangelio. Recuerdan la profecía de Jesús, repetida tres veces en el Evangelio, que resucitaría después de tres días. Su temor de que sus discípulos proclamarán: "Ha resucitado," es un anticipo de lo que llegaría a ser el corazón de la predicación cristiana primitiva. Su preocupación de que "este último engaño sea peor que el primero" irónicamente alude a la proclamación explosiva que resultaría después de la resurrección de Jesús.

La escena con Pilato recuerda el juicio romano. Una vez más Pilato sucumbe a sus exigencia, sin embargo deja que los jefes judíos cumplan con sus propios deseos. Pilato, quien permitió la crucifixión de Jesús sólo después de declarar su propia inocencia, ahora les dice burlonamente: "asegúrenlo como ustedes saben hacer." Esta frase prepara irónicamente las escenas de la resurrección puesto que no importa que tan seguramente se custodia la tumba, no podrán impedir la resurrección victoriosa.

San Mateo 28,1-10

La Resurrección de Jesús. 1Pasado el sábado, al alba del primer día
de la semana, María Magdalena y la otra María fueron a visitar el
sepulcro. 2De pronto hubo un gran temblor. El ángel del Señor bajó
del cielo, se acercó, rodó la piedra del sepulcro y se sentó en ella. 3Su
aspecto era como el del relámpago y su vestido blanco como la
nieve. 4Al verlo, los guardias se pusieron a temblar y se quedaron
como muertos. 5Pero el ángel se dirigió a las mujeres y les dijo: "Ustedes no teman; sé que buscan a Jesús, el crucificado. 6No está aquí,
ha resucitado como lo había dicho. Vengan a ver el sitio donde estaba puesto. 7Vayan en seguida a decir a sus discípulos; Ha resucitado de entre los muertos y va camino de Galilea; allí lo verán. Eso

es todo." [8]Ellas salieron rápidamente del sepulcro y, con temor pero
con mucha alegría, corrieron a llevar la noticia a los discípulos.
[9]Jesús salió a su encuentro y las saludó. Ellas se acercaron, se echaron
a sus pies y lo adoraron. [10]Entonces Jesús les dijo: "No teman, digan
a mis hermanos que vayan a Galilea; allí me verán."

Los relatos de la resurrección en los cuatro Evangelios son significativamente diferentes. Aunque el hecho de que Jesús resucitó de entre los muertos era el corazón de la predicación cristiana primitiva, la descripción de los detalles y circunstancias de la resurrección y de las apariciones no eran parte de la tradición más temprana de la predicación. Además de ciertos hechos básicos, cada uno de los evangelistas añade sus propias tradiciones peculiares y culmina el mensaje único del Evangelio con el relato de la resurrección.

San Mateo menciona sólo a dos mujeres que vinieron a la tumba. Son las mismas mujeres que permanecieron fielmente con Jesús a la hora de su muerte y estuvieron vigilando la tumba durante su entierro (27,61). Como Mateo declara que la tumba fue sellada y custodiada por soldados, no puede decir que las mujeres vinieron a ungir el cuerpo de Jesús. Al contrario, fueron "a visitar el sepulcro" para seguir su vigilia fiel de duelo.

Los hechos apocalípticos que interpretaban la muerte de Jesús continúan en los relatos de la resurrección. Los detalles son descripciones características del fin de los tiempos en la literatura judía, y a través de ellas, San Mateo une la muerte y resurrección en un gran hecho final. Otra vez, un temblor proclama el abandono del mundo viejo desde sus bases y el principio de una era nueva y decisiva de salvación.

El ángel, como mensajero de Dios en los escritos judíos y en los de los cristianos primitivos, manifiesta las palabras y los hechos de Dios. El ángel descendió del cielo, quitó la piedra, y se sentó sobre ella triunfante. San Mateo muestra que la resurrección es una acción divina, la vindicación de Jesús cuando Dios triunfa sobre la muerte en la resurrección del Hijo.

El mensaje del ángel es una teofanía típica, una manifestación de la presencia de Dios, y recuerda los mensajes evangélicos al principio del Evangelio. En contraste con el temor mortal de los guardias, el ángel le dice a las mujeres: "Ustedes no teman." El mensaje del ángel proclama el significado de la tumba vacía. "Jesús el crucificado" no está en el lugar de la muerte, sino como el corazón de la predicación cristiana proclamaba, "Ha resucitado." La añadidura de San Mateo: "como lo había dicho" recuerda la confianza de Jesús en su victoria sobre la muerte. Cada una de sus predicciones de la pasión incluye una predicción de la resurrección (16,21; 17,23; 20, 19).

Luego el ángel les da a las mujeres una misión: "Vayan en seguida." Deben proclamar el mensaje de la resurrección a los discípulos y recordarles la promesa de Jesús (26,32) que irá antes de ellos a Galilea donde ellos lo verán. La reacción de las mujeres, "con temor pero con mucha alegría" es una reacción típica y paradójica a la manifestación divina en todas las Escrituras. En contraste con el temor silencioso de las mujeres en el relato de San Marcos, ellas corrieron rápidamente para anunciar la buena nueva a los discípulos.

La aparición de Jesús resucitado a las mujeres es peculiar en San Mateo, aunque tiene cosas similares a su aparición a María de Magdala en el Evangelio según San Juan 20,14-18. Cuando Jesús las encontró con el término griego común para saludar, las mujeres "se echaron a sus pies y lo adoraron." La escena muestra que la presencia resucitada de Jesús es un cuerpo real que puede ser tocado, afirmando que el Jesús en la tierra y el resucitado es uno mismo.

Jesús no les permite a las mujeres que se detengan en adoración, sino que les anima a que sigan su misión. La comisión de Jesús a las mujeres es básicamente la misma que les fue dada por el ángel, excepto que Jesús llama "mis hermanos" a los discípulos. Esto indica su perdón de la infidelidad de los discípulos y que los restaura a su amistad plena con él. Les apremia a las mujeres a que continúen en su misión de evangelización, la misión a la cual llamará a todos sus discípulos cuando el Evangelio llega a su fin.

San Mateo 28,11-15

El Reporte de los Guardias. 11Mientras las mujeres iban de camino,
algunos de la guardia fueron a la ciudad y comunicaron a los jefes
de los sacerdotes todo lo ocurrido. 12Estos se reunieron con los an-
cianos y acordaron en consejo dar una buena suma de dinero a los
soldados, 13advirtiéndoles: "Digan que sus discípulos fueron de
noche y robaron su cuerpo mientras ustedes dormían. 14Y si el asunto
llega a oídos del gobernador, nosotros lo convenceremos y respon-
deremos por ustedes." 15Los soldados tomaron el dinero e hicieron
lo que les habían dicho, y ésta es la versión que ha corrido entre los
judíos hasta hoy.

Este incidente, reportado sólo por San Mateo, muestra el resultado de poner guardias en la tumba (27,62-66). Como habían fracasado en impedir la resurrección, los jefes judíos ahora tratan de hacerla increíble. Explican la resurrección como un robo del cuerpo por los discípulos, aunque precisamente ésa había sido la razón de poner guardias con el fin de evitarlo. .

La escena recuerda la reunión que empezó el relato de la pasión. Allí, también, los jefes de los sacerdotes y los ancianos decidieron matar a Jesús y usaron dinero para lograr su propósito. Aquí los jefes de los sacerdotes les dieron una mordida a los soldados con el propósito de poner un fin a la historia de la resurrección.

Esta historia que "ha circulado entre los judíos hasta hoy" era la que se encontraba en la Iglesia del tiempo de San Mateo. Trataban de refutar la explicación de la tumba vacía proclamada por los cristianos. Debe leerse a la luz de los argumentos entre la Iglesia y la sinagoga del siglo primero.

San Mateo 28,16-20

> **La Comisión de los Discípulos.** 16Los once discípulos fueron a Galilea, a la montaña donde Jesús los había citado. 17Al verlo, lo adoraron; ellos que habían dudado. 18Jesús se acercó y se dirigió a ellos con estas palabras: "Dios me ha dado autoridad plena sobre cielo y tierra. 19Vayan y hagan discípulos a todos los pueblos y bautícenlos para consagrarlos al Padre, al Hijo y al Espíritu Santo· 20enseñándoles a poner por obra todo lo que les he mandado. Y sepan que yo estoy con ustedes todos los días hasta el final de los tiempos."

San Mateo culmina varios temas importantes del Evangelio en esta escena final. Los once discípulos habían recibido el mensaje de las mujeres y se habían reunido en Galilea. Se reúnen en una montaña, el lugar especial para una revelación en todo el Evangelio (5,1; 14,23; 15,29; 17,1). Al comienzo del apostolado de Jesús el diablo lo llevó a una montaña muy alta y lo tentó con el establecimiento de un reino mundano. Ahora, Jesús recibe del Padre todo el poder en el cielo y en la tierra.

La frase: "al verlo" es la única referencia que San Mateo hace a las apariencias de Jesús resucitado a los discípulos. Su respuesta a Jesús parece paradójica. Lo adoran, sin embargo dudan. "El dudar" implica debilidad en la fe o titubeo. El verbo es particular al Evangelio de San Mateo y es usado para referirse a la fe vacilante de Pedro cuando caminó sobre las aguas turbulentas. Esta mezcla de fe e inseguridad se muestra como una característica del discipulado cristiano hasta el fin de los tiempos.

Debido a que el poder y la autoridad de Jesús se hacen universales ahora por su muerte y resurrección, Jesús comisiona a sus discípulos para una misión mundial. Las limitaciones de su apostolado (15,24) y las restricciones que puso a la misión de los discípulos, una misión sólo para "las ovejas perdidas del pueblo de Israel" (10,6), ahora son eliminadas. Debido a que Jesús dio su vida "por todos," los frutos de su muerte se ofrecen ahora a todos los pueblos, judíos y paganos.

El bautismo expresa la incorporación de un creyente en la vida de Dios y de la Iglesia. La fórmula trinitaria del bautismo se convierte en la tradición litúrgica de la Iglesia y expresa los efectos del bautismo: unión con el Padre, el Hijo, y el Espíritu Santo. El propio bautismo de Jesús se describe como una escena trinitaria (3,16-17) y ambas escenas reflejan la creencia desarrollada en la divinidad del Hijo y del Espíritu Santo en la Iglesia de San Mateo.

Debido al gran interés eclesial de San Mateo, el comisionar a los discípulos refleja la triple misión de la Iglesia: evangelización, bautismo, y enseñanza. La tarea inicial es la proclamación de la Buena Nueva. Luego se lleva a los nuevos discípulos a la vida de la Iglesia a través del bautismo. Finalmente, la enseñanza detallada sobre el camino de Cristo debe guiar a los discípulos nuevos.

El versículo final de San Mateo asegura a la Iglesia de la presencia constante de Jesús cuando los discípulos empiezan su misión. Al principio del Evangelio, San Mateo anunció que Jesús es Emmanuel, "Dios con nosotros" (1,23). Esa misma presencia personal de Dios estará siempre con los discípulos para darles confianza mientras esperan la venida final de Jesús en gloria.

La Pasión y Resurrección Según San Lucas

El relato de la pasión según San Lucas depende del de San Marcos como su fuente principal, sin embargo se difiere del de San Marcos en detalles significativos. Hay muchos incidentes en el Evangelio de San Marcos que se han omitido en el de San Lucas, y se ha añadido material nuevo que no se encuentra en el de San Marcos. Nuevamente, muchos de los detalles que son distintos de los de San Marcos son muy similares a los que se encuentran en el Evangelio según San Juan. Obviamente, San Lucas conocía bien las tradiciones de la pasión además de las que se encuentran en San Marcos. Además, la secuencia de los eventos que sigue San Lucas difiere del orden usado por San Marcos, pues San Lucas usa sus fuentes con creatividad para resaltar sus propios temas particulares.

San Lucas es también el autor de los Hechos de los Apóstoles, la segunda parte de su obra de dos tomos. Por lo tanto, al interpretar el Evangelio, es de mucha ayuda el analizarlo dentro del contexto de ambas obras. El libro de Los Hechos no es sólo el complemento del Evangelio, sino que también la Iglesia descrita en Los Hechos influencia la forma del Evangelio según San Lucas. La pasión y resurrección de Jesús como los eventos cumbres del Evangelio son también el nacimiento de donde fluye la vida de la Iglesia primitiva.

Se presenta a Jesús en su pasión como el inocente que sufre. Pilato declara que Jesús es inocente tres veces durante su juicio. Mientras que el centurión pagano en el evangelio según San Marcos profesó la identidad de Jesús, el centurión en el de San Lucas declara que Jesús es verdaderamente inocente. Jesús da el ejemplo a todos los mártires futuros de la Iglesia quienes sufrirán inocentemente para dar testimonio de Jesús. A través de los Hechos, sus discípulos siguen su ejemplo en sus sufrimientos.

En toda la pasión Jesús permanece preocupado por las necesidades de los demás como lo había hecho durante toda su vida. Muestra compasión cuando cura la oreja del esclavo del sumo sacerdote, y muestra preocupación por la fortuna de las mujeres a lo largo del camino. El perdón misericordioso que mostró durante su ministerio continúa cuando perdona a sus verdugos y promete el paraíso al ladrón arrepentido. Cuando se aparece a sus discípulos después de su resurrección, los comisiona a seguir su obra de perdón a todas las naciones. El contenido de su predicación debe ser "arrepentimiento para el perdón de los pecados."

El caminar de Jesús hacia Jerusalén es el aspecto distintivo del Evangelio según San Lucas que le da un sentido de propósito y dirección. El camino incluye cada aspecto de la pasión, muerte, resurrección y ascensión de Jesús. En realidad es su caminar hacia el Padre. La ciudad que es el destino de Jesús se convierte en el lugar de cumplimiento. Allí en Jerusalén, Jesús termina su "éxodo." Cuando Jesús asciende al Padre, Jerusalén se convierte en el lugar de la capacitación de la Iglesia por el Espíritu Santo y el lugar desde el cual los discípulos extenderían su testimonio.

Los discípulos que van a Emaús llegan a reconocer a Jesús por medio de su palabra y sacramento; continúan el camino de Jesús por todo el mundo, aún hasta los confines de la tierra.

San Lucas 22,1-6

La Conspiración contra Jesús. 1Se acercaba la fiesta de los panes sin
levadura llamada pascua. 2Los jefes de los sacerdotes y los maestros
de la ley buscaban el modo de eliminar a Jesús, pero temían al
pueblo. 3Entonces Satanás entró en Judas, llamado Iscariote, que era
uno de los Doce, 4y éste fue a ponerse de acuerdo con los jefes de los
sacerdotes y los jefes de la guardia del templo para entregarles a
Jesús. 5Ellos se alegraron y quedaron en darle dinero. 6Judas aceptó
la propuesta y buscaba una oportunidad para entregarles a Jesús sin
que lo supiera la gente.

Como los otros evangelistas, San Lucas pone la escena de el relato de la pasión durante la Pascua. Aunque se originaron como fiestas separadas, la Pascua y la Fiesta de los Panes Ázimos, se celebran ahora como una. San Lucas ha preparado a sus lectores para entender la pasión de Jesús como un evento nuevo de liberación. En la Transfiguración, Moisés y Elías hablaban del "éxodo" que Jesús iba a llevar a cabo en Jerusalén (9,30).

San Lucas introduce un protagonista nuevo en la trama para destruir a Jesús. Además de los jefes de los sacerdotes, de los escribas, y de Judas, menciona el papel de Satanás. El papel de Judas en la conspiración se le atribuye a que Satanás entró en él. Se había preparado el papel de Satanás aquí durante las tentaciones en el desierto. Después de fracasar en su misión de vencer a Jesús, el diablo "se alejó de él hasta el momento oportuno" (4,13). La pasión se convierte en el tiempo oportuno para que Satanás asalte a Jesús y a sus seguidores. San Lucas, quien se había referido a la misión apostólica como la caída de Satanás del cielo (10, 18), ahora presenta el relato de la pasión como la gran confrontación de Jesús con las fuerzas del mal.

San Lucas 22,7-13

Preparaciones para la Pascua. 7Llegó el día de la fiesta de los panes
sin levadura, en que debía inmolarse el cordero pascual, 8y Jesús
envió a Pedro y a Juan diciendo: "Encárguense de prepararnos la
cena de pascua." 9Ellos le preguntaron: "¿Dónde quieres que la pre-
paremos?" 10Les respondió: "Al entrar en la ciudad, encontrarán a
un hombre que lleva un cántaro de agua, síganlo hasta la casa donde
entre, 11y digan al dueño de la casa: El Maestro dice: '¿Dónde está la
sala en la que voy a celebrar la cena de pascua con mis discípulos?'
12El les mostrará en el piso de arriba una habitación grande y alfom-
brada. Prepárenlo todo allí." 13Ellos fueron y encontraron todo tal
como Jesús les había dicho y prepararon la cena de pascua.

Al describir las preparaciones para la cena de Pascua, San Lucas resalta la iniciativa de Jesús. Mientras que en San Mateo y San Marcos, los discípulos le preguntan a Jesús donde deberían preparar la Pascua, aquí Jesús manda a dos de los Doce, a Pedro y Juan, que preparen la cena. Jesús aparece firmemente en control de los hechos que van a suceder.

San Lucas también muestra que la cena no era la Pascua de Jesús solo. Jesús instruye a Pedro y Juan, "Encárguense de prepararnos la cena de pascua," y así incluye a los discípulos en los eventos que van a tener lugar. Todos los seguidores de Jesús compartirán en los eventos de liberación, la Pascua: el paso de la muerte a la vida.

San Lucas 22,14-20

La Última Cena. 14Llegada la hora, Jesús se sentó a la mesa con sus
discípulos. 15Y les dijo: "¡Cómo he deseado celebrar esta pascua con
ustedes antes de morir! 16Porque les digo que no la volveré a cele-

brar hasta que tenga su cumplimiento en el reino de Dios." [17]Tomó
entonces un cáliz, dio gracias y dijo: "Tomen esto y repártanlo entre
ustedes, [18]pues les digo que ya no beberé del fruto de la vid hasta
que llegue el reino de Dios." [19]Después tomó pan, dio gracias, lo
partió y lo dio a sus discípulos diciendo: "Ésto es mi cuerpo, que se
entrega por ustedes; hagan ésto en memoria mía." [20]Y después de la
cena, hizo lo mismo con el cáliz diciendo "Éste es el cáliz de la nueva
alianza sellada con mi sangre, que se derrama por ustedes."

El relato de San Lucas de la Última Cena difiere bastante de los relatos de San Marcos y de San Mateo. Es la última comida histórica de Jesús con sus discípulos antes de su cumplimiento en el reino de Dios. Así la cena tiene las características de un banquete de despedida así que Jesús prepara a los discípulos para su muerte y para el futuro de ellos.

San Lucas incluye muchos elementos del discurso de despedida de otros escritores. El Antiguo Testamento contiene los discursos de despedida de Jacob (Gen 47-50), Josué (Jos 23-24), Moisés (Deut 31-34), y David (1 Re 2,1-10). Esta forma de escribir se sigue usando en el Nuevo Testamento en San Juan 13-17, en las Epístolas Pastorales, y en los escritos de San Lucas (Hechos 20). En tales discursos el líder reúne a sus sucesores y les habla de su muerte inminente. Repasa los acontecimientos de su propia vida y los prepara para el futuro. El líder exhorta a sus seguidores a que observen una conducta intachable y los comisiona para su misión.

Más que ningún otro evangelista, San Lucas muestra las comidas como el contexto en el cual Jesús le enseña a sus discípulos. Tales comidas eran siempre eventos inclusivos que escandalizaba a los que estaban a su alrededor. Los paganos, las prostitutas, los recaudadores de impuestos, los pecadores, como también los ciegos, los cojos y los pobres eran invitados a compartir su mesa de amistad. En estas comidas Jesús le enseñaba a sus discípulos las virtudes de hospitalidad, servicio, humildad, y preocupación por los pobres.

Los versículos 15-17 son particulares de San Lucas; Jesús predice sus sufrimientos futuros y su muerte y le dice a sus apóstoles que ésta será su última comida con ellos. Sin embargo, Jesús también expresa la dimensión futura del banquete Pascual cuando se refiere al reino de Dios. La cena Pascual, que Jesús nunca jamás probará de nuevo, encontrará su cumplimiento en el banquete de el reino de Dios.

La primera copa de vino es una parte tradicional de la cena Pascual. No es la copa de la Eucaristía mencionada en el versículo 20. La orientación futura del versículo 18 es paralelo al versículo 16. Ambos hablan de que esta cena es la última, pero también predicen el triunfo futuro de Jesús. El reino de Dios se establecerá con su muerte y resurrección.

El relato Eucarístico de los versículos 19 y 20 reflejan la liturgia de la comunidad de San Lucas. La tradición mencionada aquí es la que está más cerca de la citada por San Pablo en la primera carta a los Corintios 11,23-26. Las palabras dichas sobre el pan y sobre el cáliz reinterpretan los elementos de la comida Pascual en términos de Jesús. San Lucas expresa claramente que Jesús se ofrece a sí mismo a sus discípulos. Lo que añade San Lucas: "que se entrega por ustedes" y "que se derrama por ustedes" da un significado salvífico mayor a la muerte de Jesús.

El relato de San Lucas resalta que el cáliz es la "nueva alianza" establecida por el derramamiento de la sangre de Jesús. Las palabras recuerdan no sólo la sangre de la alianza rociada por Moisés en el Sinaí, sino también la "alianza nueva" anunciada por Jeremías en 31,31.

Como en la carta de San Pablo al pueblo de Corinto, la tradición de San Lucas añade el mandato: "hagan esto en memoria mía." Como la Pascua antigua, la comida ritual no es meramente un recuerdo de Jesús, sino una representación de él y de sus actos salvíficos. Se les pidió a los discípulos que continuaran haciendo lo que Jesús había hecho, tanto en el sentido ritual como en el sentido vivo a través de su propia entrega.

San Lucas 22,21-23

> **Predicción de la traición.** 21"Pero el que me entrega está sentado
> conmigo en esta mesa. 22Porque el Hijo del hombre se va, según lo
> dispuesto por Dios pero ¡ay de aquel que lo entrega!" 23Entonces
> ellos comenzaron a preguntarse unos a otros quién de ellos era el
> que iba a hacer aquéllo.

En el Evangelio de San Marcos y en el de San Mateo el anuncio de la traición tiene lugar antes de la institución de la Eucaristía. Al ponerlo después de ella, San Lucas crea un contraste marcado entre las acciones de entrega de sí mismo de Jesús y el egoísmo de parte del traidor. La traición se agudiza al notar que la mano del traidor está en la mesa de la Pascua.

Cuando los discípulos discuten entre ellos sobre quién haría tal cosa, San Lucas le dice a los discípulos futuros que su presencia en la Eucaristía no es una seguridad de fidelidad a Jesús. La traición es parte de la necesidad divina del sufrimiento de Jesús, sin embargo la responsabilidad personal del traidor no se disminuye. De hecho, la responsabilidad es mayor porque era uno de los amigos íntimos de Jesús.

San Lucas 22,24-30

El papel de los discípulos. 24También se produjo entre ellos, una
discusión sobre quién debía ser considerado el más importante.
25Jesús les dijo: "Los jefes de las naciones ejercen su dominio sobre
ellas, y los que tienen autoridad reciben el nombre de benefactores.
26Pero ustedes no procedan de esta manera. Entre ustedes, el más
importante sea como el menor, y el que manda como el que sirve.
27¿Quién es más importante, el que se sienta a la mesa o el que sirve?
¿No es el que se sienta a la mesa? Pues bien, yo estoy entre ustedes
como el que sirve. 28Ustedes son los que han perseverado conmigo
en mis pruebas. 29Y yo les confiero la dignidad real que mi Padre
dispuso para mí, 30para que coman y beban en mi mesa cuando yo
reine, y se sienten en tronos para juzgar a las doce tribus de Israel."

Después de discutir entre ellos sobre quién es el peor apóstol, los discípulos empiezan a pelearse sobre quién es el más grande. Tales disputas entre ellos ofrecen una oportunidad para que Jesús se dirija a ellos sobre el verdadero liderazgo apostólico y cómo se debe ejercer ese liderazgo.

Una escena similar a ésta acontece en San Marcos y San Mateo. Allí la escena se pone antes del relato de la pasión y es ocasionada por la petición de Santiago y San Juan por los asientos a la derecha y a la izquierda de Jesús en su reino (San Marcos 10,42-45; San Mateo 20,25-28). En la situación pintada por San Lucas, la disputa incluye a todos los apóstoles y se trata de la grandeza en el presente. Al poner las palabras de Jesús dentro del contexto del banquete, San Lucas le recuerda a la Iglesia que la Eucaristía debe llevar siempre, al servicio de los demás. En ésto, San Lucas es parecido a San Juan quien muestra a Jesús tomando el papel de un sirviente y lavando los pies de sus discípulos cuando comparten la cena y habla de su traidor (San Juan 13).

Jesús señala primero la autoridad y los títulos de gobernantes humanos. Pone al revés el orden mundano de relaciones humanas, y señala su propia vida de servicio como ejemplo de tal relación. Los que son verdaderamente grandes son aquellos que sirven en imitación de él. Tal consejo tiene lugar en todo el Evangelio de San Lucas, empezando con el Magnificat donde los orgullosos y poderosos son abajados y los humildes son exaltados (1,51-53). En 14,11 y 18,14, Jesús insiste en que los que se exaltan a sí mismos serán humillados y los que se humillan a sí mismos serán exaltados.

En contraste con San Marcos y San Mateo, San Lucas disminuye las faltas de los discípulos. En lugar de mostrar cómo se dispersan en la pasión, San Lucas muestra que han estado junto a Jesús en sus pruebas. Aquí, Jesús no sólo habla de su pasión, sino también del sufrimiento y del compromiso contínuo que se necesita para el servicio en el reino de Dios. Jesús asigna a sus discípulos el reino que su Padre le había asignado a él. En contraste con San Mateo, donde la autoridad de sentarse en doce tronos es claramente un evento futuro, San Lucas muestra que las palabras de Jesús se refieren al liderazgo apostólico de los discípulos en la Iglesia primitiva. Compartirán la mesa con Jesús resucitado y gobernarán la Iglesia como doce patriarcas del nuevo Israel. En los Hechos, San Lucas muestra cómo ellos cumplen su comisión apostólica de liderazgo y servicio.

San Lucas 22,31-34

> **Anuncio de la negación de Pedro.** 31"Simón, Simón, mira que Sa-
> tanás los ha reclamado para sacudirlos como al trigo, 32pero yo he
> rogado por ti, para que tu fe no decaiga; y tú, una vez convertido,
> confirma a tus hermanos." 33Pedro le dijo: "Señor, estoy dispuesto a
> ir contigo a la cárcel e incluso a la muerte." 34Pero Jesús le contestó:
> "Te aseguro, Pedro, que hoy mismo, antes de que cante el gallo,
> habrás negado tres veces que me conoces."

En las palabras que Jesús le dirige a Pedro, San Lucas incluye versículos que no tienen paralelos directos en los otros Evangelios. Una vez más menciona el conflicto entre Satanás y Jesús, los apóstoles, y la Iglesia, que desarrolla extensivamente en todos este Evangelio y en los Hechos. Satanás, quien tentó a Jesús al principio de su vida pública, regresa ahora al fin para sacudir a sus discípulos (22,3, 31). El símil vivo de sacudir (cerner) "como al trigo" se refiere a una sacudida violenta en la fe y a una separación de la comunidad, como se separa el trigo de la paja.

La oración de Jesús por Pedro y el comisionarlo es también particular de San Lucas. Jesús ora para que Pedro permanezca fiel en la prueba. "Una vez convertido" implica la caída de Pedro, y también su conversión y perdón. La frase: "confirma a tus hermanos" muestra la comisión solemne que Jesús le entrega a Pedro. Mientras San Marcos y San Mateo anotan que Jesús mismo reunirá y guiará al rebaño dispersado después de la resurrección (Mc 14,27-28; Mt 26,31-32). San Lucas muestra que esta tarea está asignada a Pedro. Al igual que en Mt 16,17-19 y Jn 21,15-17, se reconoce la debilidad de Pedro, sin embargo Jesús lo comisiona para ser líder y pastor. San Lucas anticipa la importancia de Pedro después de la resurrección en Hechos 1-11.

Todos los Evangelios anotan la jactancia de Pedro de que está listo para morir con Jesús. San Lucas declara que Pedro está preparado no sólo para morir con Jesús, sino "para ir . . . a la cárcel" con él. Tres veces en los Hechos, San Lucas dice que Pedro fue encarcelado por hablar a favor de Jesús.

San Lucas 22,35-38

Instrucciones para la hora de crisis. 35 A continuación les dijo: "Cuando los envié sin dinero, sin morral y sin sandalias, ¿les faltó algo?" Ellos contestaron: "Nada." 36Jesús añadió: "Pues ahora, el que tenga dinero, que lo tome, y lo mismo el que tenga morral; y el que no tenga espada, que venda su manto y se compre una. 37Porque les digo que debe cumplirse en mí lo que está escrito: *Lo contaron entre los malhechores.* Porque cuanto a mí se refiere llega a su fin." 38Ellos le dijeron: "Señor, aquí hay dos espadas." Jesús dijo: "¡Basta ya!"

En sus últimas instrucciones a sus apóstoles, Jesús habla de la hostilidad que van a encontrar. En sus viajes misioneros previos, tanto en la misión de los Doce (9,3) como en la misión de los setenta y dos (10,4), Jesús les ordenó que se liberaran de los apoyos materiales y se fiaran de la protección de Dios. Sin embargo, ahora deben prepararse bien para la persecución que enfrentarán en un mundo hostil por su mensaje.

Al referirse a la espada, Jesús usa un lenguaje metafórico para resaltar la seriedad de su lucha. Se usa la espada metafóricamente en la fuente de San Lucas para indicar la división que se creará por el mensaje de Jesús (Mt 10,34; Lc 12,51). Cuando Jesús fue arrestado y los discípulos estaban listos para usar la espada y uno de ellos hirió a un sirviente, Jesús les mandó que pararan y curó la herida causada por la espada. Parece evidente que la orden de llevar una espada se refiere simbólicamente a su necesidad de prepararse para la crisis venidera. Sin embargo, los discípulos interpretan mal el mensaje de Jesús y presentan dos espadas. La respuesta de Jesús: "¡Basta ya!" es un regaño para ellos y un aviso sobre la tentación de depender de la violencia.

San Lucas 22,39-46

La agonía en el huerto. 39Después salió y fue, como de costumbre, al monte de los Olivos. Sus discípulos lo siguieron. 40Al llegar allí, les dijo: "Oren para que puedan hacer frente a la prueba." 41Se alejó de ellos como a la distancia de un tiro de piedra, se arrodilló y suplicaba así: 42"Padre, si quieres aleja de mí este cáliz de amargura; pero

no se haga mi voluntad, sino la tuya." 43Entonces se le apareció un
ángel del cielo, que lo estuvo confortando. 44Lleno de angustia,
oraba más intensamente, y comenzó a sudar como gotas de sangre
que corrían hasta el suelo. 45Después de orar, se levantó y fue adonde
estaban sus discípulos. Los encontró dormidos, pues estaban rendi-
dos por la tristeza. 46Entonces les dijo: "¿Cómo es que están dur-
miendo? Levántense y oren, para que puedan hacer frente a la
prueba."

Aunque basada en el relato de San Marcos, la escena en el huerto está narrada muy diferente en el Evangelio de San Lucas. Se le da un nombre genérico al lugar, Monte de los Olivos, en lugar del nombre semítico más preciso, Getsemaní. Se dice que era la costumbre de Jesús el ir allí, puesto que era el lugar a donde se retiraba cada noche durante su apostolado en Jerusalén. San Lucas no resalta el que Pedro, Santiago y Juan no se mantuvieron despiertos, sino que Jesús se aleja de todos sus discípulos.

Jesús exhorta a los discípulos diciendo: "Oren para que puedan hacer frente a la prueba" al principio y al fin de la escena formando un marco para su propia oración. Es la misma oración que les enseñó a ellos en el Padrenuestro: "no nos dejes caer en la tentación" (11,4). Su pasión será la prueba de su fidelidad y perseverancia. Una vez más los discípulos son tentados por los poderes del mal, y Jesús les urge a orar para que la prueba no los guíe a la apostasía.

El foco central de la escena es la oración de Jesús. La disposición de Jesús es radicalmente diferente del relato de San Marcos donde Jesús cae en tierra, vencido por el dolor. San Lucas omite las emociones fuertes de pena y tristeza, y dice que Jesús se arrodilló para orar. Su oración está dirigida a la voluntad de Dios, y llega a ser un modelo de oración para sus discípulos.

Los versículos 43 y 44 probablemente son originales, aunque faltan en muchos manuscritos antiguos. Muy probablemente fueron omitidos por escribanos posteriores por razones teológicas. Era difícil explicar por qué Jesús necesitaba la ayuda de un ángel, y la escena presentaba a Jesús demasiadamente humano en medio de la herejía de Arriano que trataba de negar la divinidad plena de Jesús. El ángel del cielo es una indicación de que el Padre ha escuchado la oración de Jesús. El ángel lo fortalece, aunque la lucha le pertenece a Jesús mismo. Los ángeles guardianes no se mencionan en su primera lucha con Satanás (4,10).

La oración de Jesús está descrita como una "agonía." En griego, la palabra se refiere a la tensión suprema de un atleta cubierto de sudor en un combate victorioso. En lugar de una pena emocional, la agonía connota las virtudes de valor y fortaleza. Éste es el asalto con el cual el diablo amenaza seguir tentando a Jesús en el desierto (4,13). El sudor de Jesús dramatiza el sentido de combate en la escena, "Como gotas de sangre" es un símil gráfico típico del estilo de San Lucas, sugiriendo la intensidad de la lucha y anticipando su cumbre en la cruz.

La escena concluye contrastando la disposición de Jesús y la de los discípulos. Jesús "se levantó" después de orar mientras que los discípulos estaban "dormidos, pues estaban rendidos por la tristeza." Jesús se levanta porque su oración lo ha alistado a entrar en la prueba, mientras que los discípulos son vencidos por el miedo y la pena. Una vez más les advierte que deben orar para que no sean asaltados por la tentación.

San Lucas 22,47-53

La traición y prendimiento de Jesús. [47]Aún estaba Jesús hablando,
cuando llegó una multitud, encabezada por uno de los Doce, llamado Judas, que se acercó a Jesús para besarlo. [48]Jesús le dijo:
"Judas, ¡con un beso entregas al Hijo del hombre?" [49]Viendo los
suyos lo que iba a pasar, le dijeron: "Señor, ¿Sacamos la espada?" [50]Y
uno de ellos atacó al criado del sumo sacerdote y le cortó la oreja
derecha. [51]Pero Jesús dijo: "¡Déjenlos!" Y, tocando la oreja, lo sanó.
[52]Y a los que venían contra él, jefes de los sacerdotes, jefes de la guardia del templo y ancianos, les dijo: "Han salido a detenerme con
espadas y palos, como si fuera un ladrón. [53]Todos los días estaba con
ustedes en el templo, y no movieron un dedo en mi contra; pero ésta es su hora: la hora del poder de las tinieblas."

Mientras Jesús estaba todavía urgiendo a sus discípulos a que rezaran, el discípulo que no oraba muestra los resultados de su tentación. Aunque se revela la intención de Judas al besar a Jesús no parece que lo hizo en el Evangelio de San Lucas. Al contrario, Jesús se dirige a Judas por nombre e interpreta su motivo como una perversión del signo de afecto supremo en un signo de traición. La escena muestra que Jesús tiene el control, no el partido que viene a arrestarlo.

Todavía interpretando mal las palabras de Jesús sobre cómo debían responder a la persecución (22,36-38), uno de los discípulos le cortó la oreja derecha a uno de los sirvientes del sumo sacerdote. Jesús muestra su compasión aún en el momento de la traición y del prendimiento, ordenándoles que dejen a un lado su violencia y curando al sirviente herido. Así, San Lucas predice la sanación y el perdón que resultan de la muerte salvadora de Jesús.

San Lucas no menciona la huida de los discípulos sino que pone la responsabilidad del prendimiento de Jesús con los líderes religiosos judíos. Mientras que en el Evangelio de San Marcos el partido que viene a arrestar a Jesús está compuesto de emisarios de los sumos sacerdotes, escribas, y ancianos, San Lucas dice que los sumos sacerdotes, las guardias del templo, y los ancianos mismos fueron en contra de él. La escena termina cuando Jesús proclama que es la hora de ellos, el tiempo para el triunfo temporal del mal. San Lucas continúa su contraste entre luz y tinieblas como una imagen de la salvación que vendrá para aquéllos que están en las tinieblas del maligno y del pecado (1,79; 11,35).

San Lucas 22,54-65

Negación de Jesús por Pedro. [54]Después de arrestarlo, se fueron y
entraron en la casa del sumo sacerdote. Pedro los seguía de lejos.
[55]Habían encendido fuego en medio del patio, y Pedro se sentó entre
los que estaban alrededor de la lumbre. [56]Una criada lo vio sentado
junto al fuego, lo miró con atención y dijo: "También éste andaba
con él." [57]Pedro lo negó, diciendo: "No lo conozco, mujer." [58]Poco
después otro, al verlo, dijo: "Tú también eres de ellos." Pedro dijo:
"No lo soy." [59]Transcurrió como una hora, y otro afirmó rotunda-
mente: "Es verdad, éste andaba con él pues es galileo." [60]Entonces
Pedro dijo: "No sé de qué me hablas." E inmediatamente, mientras
estaba hablando, cantó un gallo. [61]Entonces el Señor dirigiéndose
hacia Pedro, lo miró. Pedro recordó que el Señor le había dicho:
"Hoy mismo, antes que el gallo cante, me habrás negado tres veces";
[62]Y saliendo afuera, lloró amargamente. [63]Los que custodiaban a
Jesús se burlaban de él y lo golpeaban. [64]Le habían tapado los ojos y
le preguntaban: "¡Adivina quién te ha pegado!" [85]Y le decían otros
muchos insultos.

Después de arrestar a Jesús, lo llevaron a la casa del sumo sacerdote. San Marcos y San Mateo narran el juicio de Jesús en este momento, mientras que San Lucas inmediatamente se enfoca en la negación de Pedro y sólo recuenta la escena del juicio la siguiente mañana. Esta secuencia le permite a San Lucas el contrastar la reacción de Jesús con la de Pedro. Jesús se somete al prendimiento porque se había preparado en la oración, mientras que Pedro cae en la tentación porque no ha rezado. Satanás, que había exigido el sacudir a los discípulos como trigo, ahora prueba a Pedro a través de las tres preguntas que le hacen.

La escena entera tiene lugar en el patio. Solamente en el Evangelio según San Lucas ocurre la negación de Pedro en la presencia de Jesús.

Aunque San Lucas disminuye la intensidad de la negación de Pedro y omite sus maldiciones y juramentos, el impacto de su negación es igualmente severo. Inmediatamente después de las negaciones, Jesús se vuelve y mira a Pedro; así San Lucas crea una escena mucho más personal donde Pedro se da de cuenta de su fracaso. Es esta mirada de Jesús la que comienza el proceso del remordimiento de Pedro. Causa que Pedro recuerde no sólo la predicción de Jesús sobre sus negaciones sino también su oración por Pedro y el papel que estaba destinado para él (22,32-34).

La burla de Jesús también tiene lugar en el patio y antes de su juicio. Es abusado como profeta, el título que San Lucas ha proclamado para Jesús a través de todo el Evangelio. Así como Israel había rechazado y maltratado continuamente a sus profetas (6,23; 11,47; 13,34), ahora Jesús morirá como un profeta en Jerusalén, tal como él lo había predicho (13,33).

San Lucas 22,66-71

Jesús ante el Sanedrín. 66Cuando amaneció, los ancianos del pueblo, los jefes de los sacerdotes y los maestros de la ley se reunieron, lo llevaron al Consejo de Ancianos [el Sanedrín] 67y dijeron: "Si tú eres el Mesías, dilo." Jesús les dijo: "Si lo digo, no me van a creer, 68y si les hago preguntas, no me van a responder. 69Pero desde ahora *el Hijo del hombre estará sentado a la derecha de Dios todopoderoso.*" 70Entonces todos le preguntaron: "Luego, ¿eres tú el Hijo de Dios?" Jesús les respondió: "Es como ustedes dicen; yo soy." 71Ellos dijeron: "¡Qué necesidad tenemos ya de testigos? Nosotros mismos lo hemos oído de su boca."

El interrogatorio ante el Sanedrín no parece ser un juicio. En contraste con el relato de San Marcos, San Lucas no menciona una junta en la noche; no dice nada sobre testigos; no acusa a Jesús de tratar de destruir el templo; y no hay ningún juicio formal ni condenación. Como en San Juan, San Lucas describe la presencia de Jesús ante Pilato como el único juicio.

Lo que resalta en esta escena es la identidad de Jesús como el Mesías, Hijo del hombre, e Hijo de Dios. Cuando se le pregunta si él es el Mesías, Jesús señala lo fútil de su respuesta a ellos. Su contestación es parecida a las palabras de Jeremías, cuando ése fue arrestado y pareció ante los gobernantes de Israel (Jer 38,15).

Entonces Jesús dice una profecía usando el título, Hijo del hombre, rechazado en la tierra pero vindicado en el cielo. San Lucas cambia la referencia de tiempo, del futuro al presente, en esta profecía, y, por lo tanto, altera radicalmente lo que San Marcos entiende por la vindicación de Jesús. San Marcos habla del Hijo del hombre sentado en el trono a la derecha de Dios que vendrá con las nubes en la parusía (Mc 14,62).

Al añadir: "Pero desde ahora," San Lucas presenta claramente que el entronizamiento de Jesús en la gloria es el resultado de su pasión y resurrección. En los Hechos continúa mostrando la profecía cumplida cuando Pedro testifica que Jesús está ahora sentado a la derecha de Dios (Hch 2,33), y como el mártir San Esteban exclamó: "Veo los cielos abiertos, y al Hijo del hombre de pie a la derecha de Dios (Hch 7,56).

Jesús es el único testigo. No hay ningún cargo de blasfemia, no hay una sentencia de culpa, no hay condenación a muerte. Pero al presentar a los ancianos hablando con una sola voz, San Lucas dramatiza el rechazo solemne de Israel de Jesús como profeta de Dios.

San Lucas 23,1-5

> **Jesús ante Pilato.** 1Entonces se levantaron todos, llevaron a Jesús
> ante Pilato 2y se pusieron a acusarlo diciendo: "Hemos encontrado a
> éste agitando a nuestro pueblo, prohibiendo pagar impuestos al em-
> perador y diciendo que él es el Mesías, el Rey." 3Pilato le preguntó:
> "¿Eres tú el rey de los judíos?" Jesús le contestó: "Tú lo dices." 4Pilato
> dijo a los jefes de los sacerdotes y a la gente: "No encuentro culpa al-
> guna en este hombre." 5Pero ellos insistían con más fuerza: "Va inci-
> tando al pueblo con su predicación por toda Judea, desde Galilea,
> donde empezó, hasta aquí."

San Lucas prolonga el relato del juicio presentando cuidadosamente tres cargos dirigidos contra Jesús. "Va incitando al pueblo" es una acusación genérica que se refiere a las enseñanzas de Jesús. El segundo cargo: oponerse al pago de impuestos al César es evidentemente falso puesto que Jesús abiertamente apoyaba el pagar al César lo que era del César (20,25). El tercer cargo recuerda la proclamación de Jesús como rey durante su entrada triunfal en Jerusalén (19,38).

La encuesta personal de Pilato se reduce a una pregunta: "¿Eres tú el rey de los judíos?" Jesús da la misma respuesta ambigua que se encuentra en todos los Evangelios. Entonces Pilato retira todos los cargos, diciendo de Jesús "no encuentro culpa alguna en este hombre." Ésta es la primera de las tres declaraciones de la inocencia de Jesús hechas por Pilato.

San Lucas 23,6-12

Jesús ante Herodes. 6Al oír esto, Pilato preguntó si Jesús era galileo.
7Y al cerciorarse de que era de la jurisdicción de Herodes, se lo envió, aprovechando que también Herodes estaba en Jerusalén por
aquellos días. 8Herodes se alegró mucho de ver a Jesús, pues desde hacía bastante tiempo que deseaba conocerlo, ya que había oído hablar mucho de él y esperaba presenciar algún milagro realizado
por él. 9Le hizo muchas preguntas, pero Jesús no le respondió ab-
solutamente nada. 10Estaban también allí los jefes de los sacerdotes
y los maestros de la ley acusándolo con insistencia. 11Herodes, en
compañía de sus soldados, lo despreció, se rió de él, le puso un ves-
tido de color llamativo y se lo devolvió a Pilato. 12Aquel día, Herodes
y Pilato se hicieron amigos, pues antes habían estado enemistados.

La mención de Galilea le presenta a Pilato la oportunidad de desviar el juicio al rey Herodes, Tetrarca de Galilea. Herodes tiene un papel importante en todo el Evangelio de San Lucas. Jesús nació durante el reinado del padre de Herodes, Herodes el Grande (1,5). La palabra de Dios vino sobre San Juan Bautista mientras Herodes era Tetrarca de Galilea (3,1), y este mismo Herodes lo encarceló (3,19). Como se dijo en la escena del juicio, Herodes había deseado ver a Jesús después de oír sobre su reputación (9,9), y más tarde se le dijo a Jesús que Herodes trataba de matarlo (13,31).

El juicio ante Herodes sólo se menciona en San Lucas. Al añadir este juicio al relato de la pasión, San Lucas añade a otro testigo en defensa de Jesús. Tanto el rey como el gobernador están de acuerdo ahora afirmando la inocencia de Jesús. San Lucas muestra un acuerdo parecido en el juicio de San Pablo en los Hechos. Después de haber sido juzgado por el Sanedrín (Hch 22,40s), Pablo fue juzgado por el procurador que luego refirió el caso al Rey Agripa quien estaba en Cesárea de visita (Hch 25). En ambos juicios el gobernador romano y el rey que estaba de visita fueron testigos de la inocencia del acusado.

La ironía suprema de la escena está expresada en la reconciliación de Herodes con Pilato quienes habían sido enemigos previamente. No pudieron liberar a Jesús que era inocente ante ellos. Aunque Jesús fue humillado por estos representantes del poder mundano, en su sufrimiento los unió en amistad.

Así como Jesús fue llevado ante Herodes y ante Pilato, Jesús le dijo a sus seguidores: ". . . los harán comparecer ante reyes y gobernadores por causa de mi nombre" (21,12). En los Hechos, San Lucas vuelve a explicar como Herodes y Poncio Pilato se reunieron contra Jesús mientras la comunidad oraba pidiendo valor en sus sufrimientos. A través de todos los Hechos, San Lucas muestra una conducta paralela entre Jesús y su Iglesia, y presenta a Jesús como el modelo del comportamiento que se debe tener en medio de persecuciones.

San Lucas 23,13-25

Sentencia de muerte contra Jesús. [13]Pilato convocó a los jefes de los sacerdotes, a los dirigentes y al pueblo, [14]y les dijo: "Me han traído a este hombre acusándolo de alborotar al pueblo; lo he interrogado en presencia de ustedes y no lo he encontrado culpable de ninguna de las acusaciones que le hacen; [15]y tampoco Herodes, pues nos lo ha regresado aquí. Es evidente que no ha hecho nada que merezca la muerte. [16]Por lo tanto, después de castigarlo, lo soltaré." [18]Entonces empezaron a gritar todos a una: "¡Mata a éste y suéltanos a Barrabás!" [19]El tal Barrabás estaba en la cárcel por haber tomado parte en una revuelta ocurrida en la ciudad y por un homicidio. [20]De nuevo Pilato intentó convencerlos de que debía soltar a Jesús. [21]Pero ellos gritaron: "¡Crucifícalo! ¡Crucifícalo!" [22]Por tercera vez les dijo: "Pues, ¿qué mal ha hecho éste? No he encontrado nada en él que merezca la muerte. Por lo tanto, después de castigarlo, lo soltaré." [23]Pero ellos insistían a grandes voces, pidiendo que lo crucificara, y sus gritos se hacían cada vez más violentos. [24]Entonces Pilato decidió que se hiciera como pedían. [25]Soltó al que habían encarcelado a causa de la revuelta y el homicidio, es decir, al que habían pedido, y les entregó a Jesús para que hicieran con él lo que quisieran.

Pilato reúne una asamblea representativa de Israel y resume los procedimientos jurídicos: prendimiento, acusaciones, investigación, veredicto de Pilato apoyado por el de Herodes, y absolución. Asegurándole a la muchedumbre la legalidad de los procedimientos, Pilato declara solemnemente que Jesús no ha hecho nada que merezca la muerte. Decide castigar a Jesús, lo único que San Lucas menciona de la flagelación brutal, y luego lo soltará.

La decisión de Pilato de soltar a Jesús hace que la multitud se convierta en una muchedumbre que grita. Piden la libertad de Barrabás y la crucifixión de Jesús. Pilato continúa defendiendo a Jesús y declara su inocencia por la tercera vez. Sin embargo, Pilato no es lo suficientemente fuerte y la persistencia de la muchedumbre lo hace rendirse a sus exigencias.

El relato de San Lucas sobre el incidente de Barrabás es el más corto de los Evangelios. El versículo 17 no se encuentra en los manuscritos más antiguos, y generalmente se le considera como un comentario de Mc 15,6. Se añadió más tarde para explicar la costumbre de dejar libre a un prisionero durante la Pascua. San Lucas explica dos veces que los crímenes de Barrabás eran rebelión y homicidio. El juicio de Jesús se convierte en el juicio de Israel cuando rechazan claramente a Jesús y escogen una rebelión homicida. San Lucas vuelve a resaltar esa decisión en Hch 3,14: "Ustedes rechazaron al Santo y al Justo, pidieron que se diera libertad a un asesino." Pilato nunca condena a Jesús a morir, pero se lo entrega a ellos "para que hicieran con él lo que quisieran."

San Lucas 23,26-32

Camino de la Cruz. 26Cuando lo llevaban para crucificarlo, detuvieron
a un tal Simón de Cirene, que venía del campo, y le cargaron con la
cruz para que la llevara detrás de Jesús. 27Lo seguía una gran multitud
del pueblo y de mujeres, que se golpeaban el pecho y se lamentaban
por él. 28Jesús se dirigió a ellas y les dijo: "Mujeres de Jerusalén, no llo-
ren por mí; lloren más bien por ustedes y por sus hijos. 29Porque ven-
drán días en que se dirá: Dichosas las estériles, los vientres que no
engendraron y los pechos que no amamantaron. 30Entonces se pondrán
a decir a las montañas: "Caigan sobre nosotras"; y a las colinas: "¡Apláste-
nos!". 31Porque si esto hacen con el leño verde, ¿qué harán con el seco?"
32Llevaban también con él a otros dos malhechores para ejecutarlos.

San Lucas continúa el relato de la pasión con una explicación extensa de los eventos de camino a Gólgota. Podemos pensar que Jesús se caía bajo el peso de la cruz, y así forzaron a Simón para que le ayudara a cargarla. La mano de San Lucas es evidente aquí pues añade: "detrás de Jesús." Simón, entonces, se convierte en la imagen del discipulado al tomar la cruz y seguir a Jesús (9,23; 14,27).

Las mujeres de Jerusalén consolaban a los prisioneros cuando eran condenados a morir. En San Lucas, las mujeres representan al pueblo de Jerusalén y reciben la última profecía de Jesús sobre la destrucción de la ciudad. Jesús lloró por Jerusalén primero cuando entró en la ciudad, y ahora al fin, cuando sale de ella, les dice a las mujeres que lloren por la ciudad. Jeremías había exhortado a las mujeres de Jerusalén que lloraran cuando Dios habla sobre el juicio de Jerusalén (Jer 9,16-20).

A través del Evangelio de San Lucas "los días venideros" se refieren a la destrucción de Jerusalén. Cuando Jesús entraba en Jerusalén, habló de la destrucción futura "por no haber reconocido el momento en que Dios ha venido a salvarte" (19.44). En el Evangelio de San Lucas 21, Jesús habla de Jerusalén rodeada de ejércitos (v. 20) y pisoteada por los paganos (v. 24), "porque son días de venganza en los que se cumplirá todo lo que está escrito" (v. 22). En su oráculo final, Jesús profetiza la suerte que le espera a los habitantes de Jerusalén por rechazarlo.

La terrible profecía es un eco de las palabras de Oseas 10,8. En este pasaje el pueblo de Samaria pide que las montañas y las colinas los protejan. Tratan de esconderse de la ira de Dios y de escaparse del castigo por sus acciones.

La profecía continúa citando lo que debe haber sido un proverbio conocido. Su significado exacto es incierto, aunque Jesús parece que compara su propia pasión con la leña verde, difícil de prender, y el sufrimiento de Jerusalén con la leña seca, fácil de prender y de ser consumida por el fuego. Si Jesús que es inocente ha experimentado tanto sufrimiento, ¿cuánto más sufrimiento se espera para la Jerusalén culpable?

Finalmente, San Lucas menciona que llevaban a otras dos personas con Jesús para ser ejecutados. San Lucas usa la palabra que significa "criminales," en lugar de la más específica para "ladrones" o "revolucionarios" que se encuentran en San Marcos y San Mateo. Así, la profecía recordada en 22,37 llega a cumplirse: "Lo contaron entre los malhechores."

San Lucas 23,33-43

La crucifixión. 33Cuando llegaron al lugar llamado La Calavera, cru-
cificaron allí a Jesús y también a los malhechores, uno a la derecha y
otro a la izquierda. 34Jesús decía: "Padre, perdónalos, porque no
saben lo que hacen." Después *sortearon su ropa y se la repartieron.* 35El
pueblo estaba allí mirando. Las autoridades, por su parte, se burla-
ban de Jesús y comentaban: "A otros ha salvado, ¡que se salve a sí
mismo, si es el Mesías de Dios, el elegido!" 36También los soldados se
burlaban. Se acercaban a él para darle vinagre 37y decían: "Si tú eres
el rey de los judíos, sálvate a ti mismo." 38Habían puesto sobre su ca-
beza una inscripción, que decía: "Éste es el rey de los judíos." 39Uno
de los malhechores crucificados lo insultaba diciendo: "¿No eres tú
el Mesías? Pues sálvate a ti mismo y a nosotros." 40Pero el otro inter-
vino para reprenderlo, diciendo: "¿Ni siquiera temes a Dios tú, que
estás en el mismo suplicio? 41Lo nuestro es justo, pues estamos recibi-
endo lo que merecen nuestros actos, pero éste no ha hecho nada
malo." 42Y añadió: "Jesús, acuérdate de mí cuando vengas como rey."
43Jesús le dijo: "Te aseguro que hoy estarás conmigo en el paraíso."

Aunque el versículo 34 falta en muchos manuscritos antiguos, el perdón de Jesús para sus verdugos está totalmente de acuerdo con lo que San Lucas escribe. San Esteban exclama palabras parecidas cuando es apedreado por los judíos de Jerusalén (Hch 7,60). Si el versículo es original, probablemente se dejó fuera en un tiempo más tarde cuando la comunidad cristiana pasaba por persecución de parte de los judíos.

El Evangelio de San Lucas mantiene un juicio favorable del pueblo de Israel. En contraste con San Marcos y San Mateo, él distingue entre el pueblo y sus líderes. En el relato de San Lucas el pueblo no se burla de Jesús ni mueven la cabeza, ni le desafían burlescamente a reedificar el templo ni a bajar de la cruz. Al contrario, el pueblo está a un lado mientras sus gobernantes mofan a Jesús, y regresan a su hogar "golpeándose el pecho" (23,48).

Jesús es ridiculizado por tres clases de la sociedad muy diferentes: los gobernantes, los soldados, y un criminal. El grupo es inclusivo, son tanto líderes judíos como soldados paganos que se unen en la burla. El contenido de cada burla es el mismo: aunque Jesús reclama ser el Mesías, no puede salvarse a sí mismo. Ridiculizan tanto su identidad como su misión.

A la escena de irrisión sigue una escena de aceptación. El contraste entre los dos criminales uno a su derecha y otro a su izquierda es fuerte y dramático, representando los juicios conflictivos que el pueblo continuará haciendo sobre Jesús. Sólo San Lucas incluye el diálogo de Jesús con el criminal arrepentido. Aunque señala una vez más a la inocencia de Jesús, San Lucas muestra su misericordia salvadora en esta escena cumbre. En contraste con aquellos que se burlaban de Jesús, el criminal reconoce el reinado de Jesús y le pide una parte en su reino. Jesús le promete al criminal que compartirá en su victoria, resaltando así los efectos salvíficos de la muerte de Jesús.

San Lucas 23,44-49

La muerte de Jesús. 44Hacia el mediodía las tinieblas cubrieron toda
la región hasta las tres de la tarde. 45El sol se oscureció, y el velo del
templo se rasgó por la mitad. 46Entonces Jesús lanzó un grito y dijo:
"Padre, *en tus manos encomiendo mi espíritu.*" Y dicho esto, expiró.
47El oficial romano, viendo lo sucedido, alababa a Dios diciendo:
"Verdaderamente este hombre era justo." 48Y toda la gente que había
acudido al espectáculo, después de ver lo sucedido, regresaba gol-
peándose el pecho. 49Todos los que conocían a Jesús, y también las
mujeres que lo habían seguido desde Galilea, estaban allí presenci-
ando todo esto desde lejos.

El relato de San Lucas sobre la muerte de Jesús difiere mucho del de San Marcos. Incluye una explicación por las tinieblas e inmediatamente sigue con el detalle del velo del templo. Aquí, Jesús no clama las palabras del Salmo 22 que expresan que se siente abandonado; al contrario, muere con las palabras pacíficas del Salmo 31. El centurión no proclama a Jesús como Hijo de Dios, sino afirma su inocencia, San Lucas también modifica las reacciones de la multitud y de los seguidores de Jesús al fin de la escena.

Las tinieblas y la rasgadura del velo del templo añaden una dimensión cósmica y apocalíptica a la muerte de Jesús. Esta escena se relaciona con la premonición de Jesús sobre "la hora" del maligno y el "poder de las tinieblas" (22,53). San Lucas explica las tinieblas diciendo que el sol se oscureció. Esto no implica necesariamente un eclipse del sol, sino podía haber sido el viento siroco cargado de polvo o algún fenómeno que impedía la brillantez del sol. Las tinieblas crean un fondo ominoso para la muerte de Jesús. San Lucas pone también la rasgadura del velo del templo antes de la muerte de Jesús para unirla con las tinieblas catastróficas. Probablemente San Lucas tiene la intención de que la rasgadura represente el acceso nuevo a la presencia de Dios para todos los pueblos, a los judíos al igual que a los paganos, debido a la muerte de Jesús.

San Lucas no menciona el grito de Jesús del Salmo 22 sobre sentirse abandonado. Sus lectores paganos no hubieran sabido que el salmo concluye con una expresión de confianza en Dios; al contrario, hubieran interpretado esas palabras como un grito de desesperación. En su lugar, San Lucas indica que Jesús muere con las palabras llenas de paz del Salmo 31,6: "En tus manos encomiendo mi espíritu." Jesús dirige esas palabras a su Padre, resaltando su relación filial con Dios, tan prominente en el Evangelio de San Lucas. A través de todo el Evangelio, se presenta a Jesús como entregado a las manos de los hombres. Ahora en su muerte él se entrega a sí mismo en las manos del Padre. San Esteban, en el momento de su muerte, dice palabras similares de resignación, aunque se dirigen a Jesús (Hch 7,59).

Las palabras del centurión parecen mucho más débiles en el relato de San Lucas que la profesión de fe confiada contada por San Marcos y San Mateo. En un nivel, el centurión pagano proclama que Jesús es inocente; sin embargo, San Lucas probablemente quiere que las palabras signifiquen algo más. La exclamación puede significar también "justo," y San Lucas se referirá más tarde a Jesús con el título mesiánico de El Justo (Hch 3,14; 7,52; 22,14).

La conclusión de la escena está reformulada por San Lucas para resaltar a aquellos que fueron testigos de estos hechos. El pueblo "contempló" lo que había pasado y se fueron a su casa golpeándose el pecho, en señal de dolor y contrición. San Lucas muestra la cualidad salvadora de la muerte de Jesús ya que la multitud ya está movida al arrepentimiento. También menciona la presencia de los conocidos de Jesús que estaban de pie a cierta distancia. Como San Lucas pinta a los discípulos mucho menos duramente que San Marcos, no reporta su deserción cuando arrestaron a Jesús. La mención de sus conocidos en este momento debe referirse por lo menos a algunos de sus discípulos. Finalmente, se mencionan las mujeres de Galilea, distintas de las hijas de Jerusalén, como testigos de la muerte de Jesús, puesto que ellas también serán testigos de su resurrección.

San Lucas 23,50-56

El entierro de Jesús. 50Había un hombre llamado José, que era bueno
y justo. Era miembro del Consejo de Ancianos, 51pero no había apro-
bado la decisión y el proceder de los judíos. Era natural de Arimatea,
ciudad de Judea, y esperaba el reino de Dios. 52Este José se presentó
a Pilato y le pidió el cuerpo de Jesús. 53Después de bajarlo, lo en-
volvió en una sábana y lo puso en un sepulcro excavado en la roca,
donde nadie había sido sepultado todavía. 54Era el día de la pre-
paración de la pascua y estaba comenzando el sábado. 55Las mujeres
que habían acompañado a Jesús desde Galilea, lo iban observando
todo de cerca y se fijaron en el sepulcro y en el modo en que habían
colocado el cadáver. 56Luego regresaron y prepararon aromas y un-
güentos. Y el sábado descansaron, según el precepto.

El relato de la pasión termina con el entierro de Jesús por José, un judío de Arimatea. San Lucas dice claramente que, aunque José era miembro del Sanedrín, no había estado de acuerdo con la muerte de Jesús. San Lucas muestra en los Hechos que muchos líderes judíos simpatizaban con los seguidores de Jesús y aún se unían a su fe (Hch 5,34-39; 6,7). Se describe a José de la misma manera que a Zacarías, Isabel, Simeón y Ana en los relatos de la infancia. Es "justo" y "espera el reino de Dios." Así, se le coloca en esa larga línea de los israelitas fieles que esperaban la redención de Dios.

San Lucas omite muchos de los detalles de la escena del entierro que el relato de San Marcos incluye, tales como la valentía de José, que Pilato se aseguró de que Jesús había muerto, la piedra puesta a la entrada de la tumba, y los nombres de las mujeres. San Lucas añade un elemento significativo al relato de San Marcos al mencionar que José puso a Jesús en una tumba "donde nadie había sido sepultado todavía." Así como Jesús entró en Jerusalén montado en un burro "en el cual nadie se había subido nunca," manifestando de esta manera lo singular de ese evento, su muerte y sepultura fueron también inimitables.

San Lucas tiene cuidado de señalar la obediencia a la ley del Sábado. Puesto que se acercaba el ocaso y el Sábado iba a empezar, las mujeres de Galilea se fijaron cuidadosamente en la tumba y en el entierro de Jesús para que pudieran regresar después del Sábado a ungir su cuerpo según la costumbre judía. Cuando regresaron a sus hogares prepararon las especies y perfumaron el aceite con anterioridad para poder observar el descanso apropiado del Sábado.

La escena del entierro forma una transición del relato de la pasión al de la resurrección. Ambas cosas, el entierro de Jesús por José y el testimonio de las mujeres de la tumba establecen que Jesús había realmente muerto y fue sepultado en una tumba singular como todos ellos recordaban. La nota final en lo que se refiere al descanso del Sábado forma una transición temporal que lleva a la mañana de la resurrección.

San Lucas 24,1-12

La resurrección de Jesús. 1El primer día de la semana, al amanecer,
las mujeres fueron al sepulcro con los aromas que habían preparado,
2y encontraron la piedra del sepulcro retirada a un lado. 3Entraron,
pero no encontraron el cuerpo del Señor Jesús. 4Estaban sin saber qué
hacer, cuando dos hombres se presentaron ante ellas vestidos con
ropas deslumbrantes. 5Llenas de miedo, hicieron una profunda reve-
rencia. Ellos les dijeron: "¿Por qué buscan entre los muertos al que
está vivo? 6No está aquí, ha resucitado. Recuerden lo que les dijo cu-
ando estaba en Galilea. 7Que el Hijo del hombre debía ser entregado
en manos de pecadores, que iban a crucificarlo y que resucitaría al
tercer día." 8Ellas se acordaron de estas palabras y, 9regresando del
sepulcro, anunciaron todo esto a los once y a todos los demás. 10Fueron
María Magdalena, Juana, María la de Santiago y las demás mujeres
que estaban con ellas las que comunicaron estas cosas a los apóstoles.
11Pero ellos pensaron que eran imaginaciones, y no les creyeron.
12Pedro, sin embargo, se levantó y fue corriendo al sepulcro. Al aso-
marse, sólo vio los lienzos, y regresó a casa admirado de lo sucedido.

La fuente principal para la descripción por San Lucas de la visita de las mujeres a la tumba es Mc 16, 1-8. Sin embargo, el relato de San Lucas tiene sus propias características distintivas. Muchos de los cambios y adiciones muestran cómo los eventos de la resurrección culminan el plan total del Evangelio según San Lucas. La visita a la tumba y las apariciones después de la resurrección forman también una transición para el segundo volumen de San Lucas: los Hechos de los Apóstoles.

Todos los evangelistas concuerdan que el descubrimiento de la tumba vacía ocurrió el primer día de la semana. Este es el día, como San Lucas mostrará en Hch 20,7, en que los cristianos se reunían para la fracción del pan. San Lucas relata todos los eventos de este capítulo final como acontecimientos de un mismo día. Éste es el primer día de una era nueva, el día que los cristianos separarán cada semana como el día de la resurrección.

San Lucas explica que los dos hombres que anunciaron la resurrección portaban vestiduras brillantes sugiriendo su naturaleza de otro mundo. Más tarde en el relato, se les llama ángeles (24,23). En todo el Evangelio, los que proclaman el mensaje de Jesús y los que cumplen alguna tarea asignada por Dios lo hacen de dos en dos. Los setenta y dos fueron enviados de dos en dos. Igualmente, dos hombres prepararon la entrada de Jesús a Jerusalén, dos lo encontraron en el camino a Emaús, y dos también interpretarán la ascensión de Jesús (Hch 1,10).

Los dos hombres empiezan desafiando el enfoque de las mujeres en la tumba: "¿Por qué buscan entre los muertos al que está vivo?" Esto es parecido al reto dado por los dos hombres en vestiduras blancas para la ascensión de Jesús: "¿por qué se han quedado mirando al cielo?" (Hch 1,11). Después de cada pregunta desafiante, se hace la proclamación que prepara a los que la escuchan para empezar su misión.

Diferente a San Marcos y San Mateo, San Lucas no dice nada de las apariciones en Galilea después de la resurrección. Al contrario, Jerusalén permanece el punto central dentro de los escritos de San Lucas. Es el lugar hacia el cual el Evangelio procede, la ciudad del destino de Jesús, y el lugar del cual el apostolado de la Iglesia primitiva se disemina. En lugar de decirles a los discípulos que Jesús va a ir antes de ellos a Galilea (Mc 16,7; Mt 28,5), los mensajeros les piden a las mujeres que recuerden lo que él les había dicho a ellas cuando estaba todavía en Galilea. San Lucas debe haber sabido de las apariciones de Jesús en otros lugares, pero mirando todo el plan literario, termina su Evangelio sólo con los eventos en Jerusalén.

Los nombres de las mujeres varían un poco en los relatos de la resurrección de cada Evangelio. María Magdalena está en los cuatro Evangelios y se le nombra en primer lugar en cada uno. Se conoce a Juana sólo por San Lucas y se le describe anteriormente como la esposa del administrador de Herodes (8,3). Aunque las mujeres proclamaron el mensaje a los Once, no los movió a creer. San Lucas dice claramente que los apóstoles no aceptaron el reporte de las mujeres puesto que parecía una tontería. Sólo será la experiencia misma del Señor resucitado lo que les hará creer.

En el versículo 12 San Lucas parece basarse en una tradición que hablaba de la visita de Pedro a la tumba vacía, además de la visita de las mujeres. San Juan se basó en la misma tradición para su relato que tiene muchas cosas similares (Jn 20,2-10). La experiencia de Pedro le lleva a la sorpresa pero no a la fe, porque sólo ha visto la tumba vacía y no todavía a Cristo resucitado.

San Lucas 24,13-35

La Aparición en el camino de Emaús. [13]Aquel mismo día, dos de
los discípulos se dirigían a un pueblo llamado Emaús, que dista de
Jerusalén unos once kilómetros. [14]Iban hablando de todos estos
sucesos. [15]Mientras hablaban y se hacían preguntas, Jesús en per-
sona se acercó y se puso a caminar con ellos. [16]Pero sus ojos estaban
tan cegados, que no eran capaces de reconocerlo. [17]Él les dijo: "¿Qué
es lo que vienen conversando por el camino?" Ellos se detuvieron
entristecidos. [18]y uno de ellos, llamado Cleofás, le respondió: "¿Eres
tú el único en Jerusalén que no sabe lo que ha pasado allí estos
días?" [19]El les preguntó: "¿Qué ha pasado?" Ellos contestaron: "Lo
de Jesús el Nazareno, que fue un profeta poderoso en obras y pal-
abras ante Dios y ante todo el pueblo. [20]¿No sabes que los jefes de
los sacerdotes y nuestras autoridades lo entregaron para que lo con-
denaran a muerte, y lo crucificaron? [21]Nosotros esperábamos que él
fuera el libertador de Israel. Y sin embargo, ya hace tres días que
ocurrió esto. [22]Es cierto que algunas de nuestras mujeres nos han
sorprendido, porque fueron temprano al sepulcro [23]y no encon-
traron su cuerpo. Hablaban incluso de que se les habían aparecido
unos ángeles que decían que está vivo. [24]Algunos de los nuestros
fueron al sepulcro y lo encontraron todo como las mujeres decían,
pero a él no lo vieron." [25]Entonces Jesús les dijo: "¡Que torpes son
para comprender, y qué duros son para creer lo que dijeron los pro-
fetas! [26]¿No era necesario que el Mesías sufriera todo esto para en-
trar en su gloria?" [27]Y empezando por Moisés y siguiendo por todos
los profetas, les explicó lo que decían de él las Sagradas Escrituras.
[28]Al llegar al pueblo adonde iban, Jesús hizo ademán de seguir ade-
lante. [29]Pero ellos le insistieron diciendo: "Quédate con nosotros,
porque es tarde y está anocheciendo." Y entró para quedarse con

ellos. [30]Cuando estaba sentado a la mesa con ellos, tomó el pan, lo
bendijo, lo partió y lo dio a ellos. [31]Entonces se les abrieron los ojos y
lo reconocieron, pero Jesús desapareció de su lado. [32]Y se dijeron
uno a otro: "¿No ardía nuestro corazón mientras nos hablaba en el
camino y nos explicaba las Sagradas Escrituras?" [33]En aquel mismo
instante se pusieron en camino y regresaron a Jerusalén, donde en-
contraron reunidos a los once y a todos los demás, [34]que decían "Es
verdad, el Señor ha resucitado y se ha aparecido a Simón." [35]Ellos,
por su parte, contaban lo que les había ocurrido cuando iban de
camino y cómo lo habían reconocido al partir el pan.

Después del relato de la visita a la tumba vacía, cada escritor del Evangelio prosigue en su propio camino con el relato de la resurrección. En San Lucas, Jesús se aparece el mismo día, el primer día de la semana, y es visto por dos de los discípulos que habían estado con los Once un poco más temprano ese día para oír el reporte de las mujeres (24,9). De los dos discípulos, sólo se identifica a Cleofás. La anonimidad del otro [o de la otra] y el hecho de que sólo se menciona a Cleofás aquí indican que los dos representan a todos los seguidores de Jesús.

Éstos eran dos discípulos que regresaban a su hogar cerca de Jerusalén después de celebrar la fiesta de la Pascua en esa ciudad. Se ha discutido mucho sobre el lugar preciso de Emaús y no es probable que se sepa con certeza dónde estaba esa aldea. San Lucas dice que dista de Jerusalén unos once kilómetros. Para el Evangelio de San Lucas lo único importante era que estuviera en las cercanías de Jerusalén.

Esta aparición después de la resurrección tiene varios paralelos en otro relato por San Lucas, el encuentro de Felipe con el eunuco egipcio (Hch 8,26-40). En ambos relatos el que viaja encuentra en el camino a un extranjero que interpreta las Sagradas Escrituras para mostrar que el Mesías debe sufrir. En cada uno de ellos la acción sacramental va seguida de una desaparición pronta.

Mientras los dos viajeros conversaban en el camino a Emaús, Jesús los alcanzó por atrás. Al creer que era otro peregrino que regresaba a casa, los discípulos no lo reconocieron. Aunque lo ven físicamente, el punto de la descripción es mostrar que están ciegos espiritualmente porque no entienden. Este tema de reconocimiento encuadra el relato entero desde el momento en que los discípulos vieron a Jesús sin reconocerlo hasta el punto en que lo reconocieron al terminar la conversación y al partir el pan.

Jesús empieza el diálogo preguntando de qué estaban hablando y pidiendo que le dijeran lo que había pasado recientemente. Ellos describen a Jesús como un gran profeta y hablan de sus esperanzas frustradas de que fuera el libertador mesiánico que liberaría a Israel de la ocupación romana. Al referirse a la crucifixión y muerte de Jesús y al descubrimiento de la tumba vacía por las mujeres esa mañana, los discípulos permanecían dudosos porque no lo reconocían.

Cuando Jesús responde, corrige la impresión que tenían de él. Insistiendo en "todo" lo que los profetas habían dicho, les muestra que el Mesías tenía que sufrir. Jesús no menciona aquí ninguna referencia específica pero muestra cómo los escritos de Moisés y de los profetas son una preparación para el Evangelio y cómo se cumplen en Jesús.

Jesús muestra que debido a que el Mesías ha sufrido, está ahora en su gloria. La gloria es el esplendor asociado con la presencia de Dios. Jesús ya ha entrado en la gloria del Padre, y desde este estado de gloria es como se aparece a los discípulos.

Los discípulos ofrecen hospitalidad y le ruegan a Jesús para que permanezca con ellos. La petición connota su necesidad de una presencia del Señor más profunda y permanente. La mención de que era tarde y estaba anocheciendo alude al contraste entre luz y tinieblas. Al caer el sol era también cuando los cristianos se reunían para su asamblea y para la fracción del pan.

Cuando se reclinaron a la mesa, Jesús toma el papel de anfitrión. Sus gestos sobre el pan trae a la mente la Última Cena y llegan a ser la manera en que San Lucas describe la Eucaristía en el libro de Los Hechos. Cuando Jesús bendice y parte el pan los discípulos lo reconocen. "Se les abrieron los ojos" significa fueron capaces de verlo con los ojos de la fe por su comprensión más profunda.

Cuando el relato llega a su cumbre y los discípulos reconocen a su huésped, Jesús "desapareció de su lado." Ahora se dan cuenta cómo el Señor resucitado estará presente con los discípulos reunidos. Recuerdan que su corazón estaba ardiendo cuando Jesús les explicaba las Sagradas Escrituras. Saben que era su presencia resucitada lo que ellos sentían en todo el transcurso de este evento. Fue sólo después de comprender las Sagradas Escrituras que estuvieron listos para reconocer a Jesús en la fracción del pan. Así el relato refleja la estructura doble de la asamblea cristiana en la fracción del pan y la relación dinámica entre palabra y sacramento. Ambas, la interpretación de las Sagradas Escrituras y la fracción del pan, son acciones de Cristo resucitado en las cuales su presencia se hace real para la Iglesia.

San Lucas 24,36-49

Aparición a los discípulos en Jerusalén. 36 Estaban comentando lo
sucedido, cuando el mismo Jesús se presentó en medio y les dijo: "La
paz esté con ustedes." 37 Espantados y llenos de miedo, creían ver un
fantasma. 38 Pero él les dijo: "¿De qué se asustan? ¿Por qué surgen
dudas en su interior? 39 Vean mis manos y mis pies; soy yo en per-
sona. Tóquenme y convénzanse de que un fantasma no tiene carne
ni huesos, como ven que yo tengo." 40 Y dicho esto, les mostró las
manos y los pies. 41 Pero como aún se resistían a creer por la alegría y
el asombro, les dijo: "¿Tienen algo de comer?" 42 Ellos le dieron un
trozo de pescado asado. 43 Él lo tomó y lo comió delante de ellos.
44 Después les dijo: "Cuando aún estaba entre ustedes les dije que era
necesario que se cumpliera todo lo escrito sobre mí en la ley de Moi-
sés, en los profetas y en los salmos." 45 Entonces les abrió la inteligen-
cia para que comprendieran las Sagradas Escrituras, 46 y les dijo:
"Estaba escrito que el Mesías tenía que morir y resucitar de entre los
muertos al tercer día, 47 y que en su nombre se anunciaría a todas las
naciones, comenzando desde Jerusalén, la conversión y el perdón de
los pecados. 48 Ustedes son testigos de estas cosas. 49 Por mi parte, les
voy a enviar el don prometido por mi Padre. Ustedes quédense en la
ciudad hasta que sean revestidos de la fuerza que viene de lo alto."

Los Once y los que estaban reunidos con ellos en Jerusalén son testigos de esta aparición inmediatamente después de que los dos discípulos regresaron de Emaús con su reporte. Es un paralelo al relato de Emaús en varios puntos. En ambas escenas, la presencia de Jesús no es comprendida, una instrucción sobre las Sagradas Escrituras les lleva a comprenderla, se comparte algo de comer y Jesús se va. Aunque la presencia de Jesús en la Palabra y Sacramento se resalta en el relato de Emaús, su presencia corporal y la misión de los discípulos está en el centro de esta última escena.

Una vez más encontramos similitudes en San Lucas y San Juan que indican la tradición que ambos usaron. En el Evangelio de San Juan, como en el de San Lucas, Jesús está de pie en medio de sus discípulos y dice: "La paz esté con ustedes," les muestra las llagas de la pasión y los discípulos responden con gozo. Jesús comisiona a sus discípulos y les asegura la presencia de su Espíritu (Jn 20,19-22).

La aparición de Jesús resucitado provoca una variedad de reacciones de parte de sus discípulos: están sorprendidos, aterrorizados, perturbados, incrédulos, gozosos y maravillados. Jesús está en medio de ellos con su mensaje de "paz." El saludo de paz le desea a quien la recibe una entereza y una satisfacción que el mundo no puede dar porque solamente se encuentra en la victoria de Cristo (1,79; 2,14; 19,42).

El pasaje nos dice que la presencia de Jesús resucitado es una presencia corporal. En contraste con aquellos que interpretan la resurrección como un simple regreso a la existencia espiritual, San Lucas insiste en la realidad corporal. Los discípulos lo tocan, él les muestra las manos y los pies, y come con ellos. Jesús señala que un espíritu no tiene carne ni huesos como él los tiene. Establece su identidad y los convence de que él es la misma persona que vivía entre ellos antes de su muerte.

Los discípulos escuchan atentamente cuando Jesús explica lo que trata sobre él en las Sagradas Escrituras. La ley, los profetas y los salmos es el medio tradicional de referirse a todo el Antiguo Testamento. Sólo a la luz de la resurrección puede verse cómo el plan salvador de Dios que se cumple en Jesús. Esto llega a ser la base de la predicación de los apóstoles que se nos muestra en los Hechos. El corazón de su predicación sería la pasión y resurrección del Mesías y la necesidad del arrepentimiento para el perdón de los pecados.

Así como en el fin del Evangelio de San Mateo, Jesús comisiona a sus seguidores a cumplir una misión futura en su nombre, San Lucas introduce aquí el papel importante que los discípulos tendrán en la nueva etapa de la historia de salvación: deberán ser testigos, comenzando en Jerusalén y extendiéndose a todas las naciones. La meta del caminar de Jesús, Jerusalén, se convierte ahora en el punto de partida desde el cual se extenderá el mensaje de la salvación hasta los confines de la tierra (Hch 1,8).

Se les pide a los discípulos que esperen en Jerusalén hasta que sean revestidos "de la fuerza que viene de lo alto." Comisionados por Jesús, se les dará también el poder que necesitan para cumplirlo por medio del Espíritu. "El Espíritu de lo alto" fue predicho por Isaías para los tiempos mesiánicos (Is 32,15; Sab 9,17), y es ése "poder" el que había impulsado a Jesús (4,14; 5,17; 6,19). El mandato de esperar en Jerusalén por la venida del Espíritu ofrece la transición al libro de Los Hechos de los Apóstoles.

San Lucas 24,50-53

La Ascensión. [50]Después los llevó fuera de la ciudad hasta un lugar
cercano a Betania y, alzando las manos, los bendijo. [51]Y mientras los
bendecía se separó de ellos y fue llevado al cielo. [52]Ellos, después de
postrarse ante él, regresaron a Jerusalén con gran alegría. [53]Y esta-
ban continuamente en el templo bendiciendo a Dios.

San Lucas es único al hablar del momento en que Jesús se va al final de sus apariciones. Lleva a un final su relato de la vida de Jesús. La ascensión empezará también su relato de la Iglesia primitiva en Los Hechos.

La ascensión es el fin del éxodo de Jesús (9,31) que San Lucas desarrolla durante todo el Evangelio. En 9,51, San Lucas empieza el relato del viaje a Jerusalén, "al acercarse el tiempo de su salida de este mundo." Su paso al Padre a través de la muerte y resurrección se completó en su ascensión.

En el Evangelio, la ascensión toma lugar el mismo día que la resurrección; mientras que en Hch 1,9-11, tiene lugar cuarenta días después. La afirmación esencial de ambos relatos es que Jesús está con el Padre en la gloria. El relato evangélico muestra la unidad necesaria de la resurrección y la ascensión como la glorificación de Jesús. En Los Hechos, la ascensión es el preludio de una nueva etapa en la historia de la salvación, la era de la Iglesia. En las Sagradas Escrituras el número cuarenta marca un período de transición: cuarenta años en el desierto son el paso de Israel de la esclavitud a la libertad; cuarenta días en el desierto preparan a Jesús para su vida pública, cuarenta días de apariciones de Jesús resucitado forman la transición a nueva era de la Iglesia.

La acción final de Jesús es: "alzó las manos y los bendijo." Ésta es una bendición sacerdotal sobre el pueblo como la daban Aarón y los sacerdotes de Israel después de él (Lev 9,22; Eclo 50,20). Al bendecir Jesús a sus discípulos, ellos se inclinan en adoración puesto que la resurrección ha revelado su divinidad.

El Evangelio termina donde empezó, en el templo de Jerusalén. Los seguidores de Jesús estaban gozosos y continuamente alababan a Dios en el templo. De este modo, San Lucas empieza su descripción de la vida de comunidad de la Iglesia y prepara al lector para los Hechos de los Apóstoles (Hch 2,46; 3,1; 5,42).

La Pasión y Resurrección Según San Juan

El Evangelio según San Juan es muy diferente en carácter comparado con los otros tres Evangelios. Se desarrolló en una comunidad diferente que reflexionaba sobre los eventos en la vida de Jesús de una forma singular. A través del Evangelio, se les atribuye a los incidentes recibidos de la tradición un significado más completo pues se convierten en símbolos que revelan más plenamente el misterio de Cristo e invitan al lector a una fe más profunda. Estas "señales" hechas por Jesús durante todo el Evangelio encuentran su cumplimiento en la pasión y resurrección. El crucificado-glorificado es la luz del mundo, el pan del cielo verdadero, el Buen Pastor, el camino, la verdad, y la vida.

Todo el Evangelio es una revelación progresiva de la gloria del Hijo único de Dios. Desde su pre-existencia con el Padre, viene a revelar al Padre para luego regresar al Padre. El punto culminante de la misión de Jesús es la "hora" de su glorificación cuando va a su Padre a través de la muerte y la resurrección. En esta hora se revela a sí mismo y comunica la vida de Dios a todos los que lo aceptan y se entregan a él.

El relato de la pasión por San Juan está saturado con la gloria de la resurrección. El sufrimiento y el mal no tienen verdadero poder sobre él. Es el soberano Hijo de Dios que escoge libremente el dar su vida porque está absolutamente cierto que la recibirá una vez más. No reza pidiendo ser liberado de su hora, sino que se da cuenta con toda confianza que ésa es la meta de su vida.

Los relatos de San Juan irradian la majestad divina de Jesús. Verdaderamente, el haberlo visto a él es haber visto al Padre. Los romanos y los judíos se postran ante el nombre divino, "YO SOY." Jesús reina victoriosamente desde la cruz cuando se proclama universalmente su reinado. Santo Tomás expresa la esencia de la fe cuando proclama: "Señor mío y Dios mío."

Cuando Jesús es glorificado en su muerte y resurrección, entrega su Espíritu. El Espíritu, dador de vida, es el resultado de su obra salvadora, y forma la comunidad de su Iglesia. Desde la cruz, Jesús crea la familia de discípulos, y cuando terminó su vida, entrega las fuentes de la vida eterna desde su costado herido. Durante su presencia resucitada, Jesús continúa mostrándose a sus seguidores y los envía al mundo para que todos tengan vida en su nombre.

San Juan 18,1-11

> **El arresto de Jesús.** [1]Cuando terminó de hablar, Jesús y sus discípu-
> los salieron de allí. Atravesaron el torrente Cedrón y entraron en un
> huerto que había cerca. [2]Este lugar era conocido por Judas, el traidor,
> porque Jesús se reunía frecuentemente allí con sus discípulos. [3]Así
> que Judas, llevando consigo un destacamento de soldados romanos
> y los guardias puestos a su disposición por los jefes de los sacerdotes
> y los fariseos, se dirigió a aquel lugar. Iban armados y equipados con
> faroles y antorchas. [4]Jesús, que sabía todo lo que le iba a ocurrir, salió
> a su encuentro y les preguntó: "¿A quién buscan?" [5]Ellos contestaron:
> "A Jesús de Nazaret." Jesús les dijo: "Yo soy." Judas, el traidor, estaba
> allí con ellos. [6]En cuanto les dijo: "Yo soy", retrocedieron y cayeron a
> tierra. [7]Jesús les preguntó de nuevo: "¿A quién buscan?" Volvieron a
> contestarle: "A Jesús de Nazaret." [8]Jesús les dijo: "Ya les he dicho que
> soy yo. Por tanto, si me buscan a mí, dejen que éstos se vayan." [9](Así
> se cumplió lo que él mismo había dicho: "No he perdido a ninguno
> de los que me diste"). [10]Entonces Simón Pedro, que tenía una espada,
> la desenvainó e hirió con ella a un siervo del sumo sacerdote, cortán-
> dole la oreja derecha. (Este siervo se llamaba Malco). [11]Pero Jesús dijo
> a Pedro: "Guarda tu espada. ¿Es que no debo beber este cáliz de amar-
> gura que el Padre me ha preparado?"

El relato de la pasión de Juan comienza con el arresto de Jesús en el huerto. Después del Último Discurso (14-17), que es muy diferente al que se presenta en los otros Evangelios, San Juan regresa al relato de los hechos durante la pasión. Describe los incidentes de la "hora" de Jesús, cuando Jesús mostrará su amor por los suyos hasta el final (13,1). Jesús está totalmente en control de lo que está pasando cuando su resurrección triunfante penetra ya las escenas de la pasión.

Diferente a los otros evangelistas, San Juan no presenta a Jesús orando en Getsemaní pidiendo el ser liberado del sufrimiento inminente. Sin embargo, los elementos de la oración de Jesús en el huerto están presentes en otras partes. En 12,27 Jesús habla de su espíritu angustiado; sin embargo, con resolución divina, pide al Padre que cumpla el proceso de su glorificación. San Juan es diferente de los otros evangelistas porque introduce a los soldados romanos en la escena del huerto. La presencia de un destacamento de soldados romanos y de un tribuno (18,12) muestra la confabulación romana en la acción en contra de Jesús. Nos prepara para la confrontación dramática entre Jesús y Pilato, algo central para el relato de la pasión de San Juan, y refleja la oposición entre Roma y el Cristianismo en el tiempo en que San Juan escribía.

La última vez que se había presentado a Judas, había salido y era de noche (13,30). Es en esta noche oscura que el pueblo tropieza porque no han tenido la luz (11,10; 12,35). Sólo San Juan menciona que el grupo que venía a arrestar traía faroles y antorchas. Debido a que no habían aceptado a la verdadera luz del mundo, los ministros de las tinieblas necesitan lámparas. El drama de la pasión se presentará dentro de este contraste de luz y oscuridad.

Plenamente consciente de todo lo que iba a pasar con él, Jesús toma la iniciativa y domina la escena. Judas no le da a Jesús el beso traicionero como en los otros evangelios. Al contrario, Jesús se adelanta para encontrar a Judas y al grupo que venía a arrestarlo. A un nivel, la respuesta de Jesús: "YO SOY," sirve para identificar a Jesús, como el beso de Judas había identificado a Jesús en los otros Evangelios. Sin embargo, en San Juan, "YO SOY" expresa la divinidad de Jesús (4,26; 6,20; 8,24.28.58; 13,19). Es el nombre divino revelado a Moisés en el libro del Éxodo 3,14. Ante la presencia divina de Jesús, todos retroceden y caen en la tierra.

Aunque los cuatro Evangelios describen la cortada violenta de la oreja del siervo, sólo San Juan identifica por nombre a los que tomaron parte en ella. Pedro, sin comprender del todo el destino de Jesús, trata de evitar el arresto por medio del poder humano de la violencia. Sólo se menciona el nombre de el siervo del sumo sacerdote, Malco, en este pasaje.

San Juan 18,12-14

> [12]Los soldados romanos, con su comandante al frente, y la guardia judía, arrestaron a Jesús y le ataron las manos. [13]Acto seguido, lo condujeron a casa de Anás, el cual era suegro de Caifás, que era sumo sacerdote aquel año. [14]Caifás era el que había aconsejado a los judíos: "Conviene que muera un solo hombre por el pueblo".

La descripción de la corte judía es mucho más breve en San Juan. San Marcos y San Mateo hablan de una corte en la noche ante el sumo sacerdote y el Sanedrín como también una sesión antes de entregar a Jesús a Pilato. La única acción legal judía descrita por San Juan es el examen de testigos ante Anás. Esto no parece ser una corte formal, sino más bien un interrogatorio para ver si Jesús admite algo revolucionario.

Anás, aunque ya no era el sumo sacerdote, debe haber sido una persona de gran influencia en Jerusalén. Como el patriarca de una familia de sumos sacerdotes, fue sucedido por cinco hijos y finalmente por su yerno, Caifás. Caifás estuvo en poder del año 18 al 36 de nuestra era. Anteriormente San Juan había descrito el deseo de Caifás de matar a Jesús porque Caifás temía por la seguridad del pueblo (11,50). Sin embargo, irónicamente, su plan uniría a los hijos dispersos de Dios en un pueblo nuevo (11,51-52).

San Juan 18,15-18

La primera negación de Pedro. 15Simón Pedro y otro discípulo
seguían a Jesús. Este discípulo, que era conocido del sumo sacerdote,
entró, al mismo tiempo que Jesús, en el patio interior de la casa del
sumo sacerdote. 16Pedro, en cambio, tuvo que quedarse fuera, junto a
la puerta, hasta que el otro discípulo, el conocido del sumo sacerdote,
habló a la portera y consiguió que lo dejaran entrar. 17Pero la portera
preguntó a Pedro: "¿No eres tú también uno de los discípulos de ese
hombre?" Pedro le contestó: "No, no lo soy." 18Como hacía frío, los
criados y la guardia habían preparado una fogata y estaban en torno
a ella calentándose. Pedro estaba también con ellos calentándose.

La negación de Jesús por Pedro está entretejida con el interrogatorio ante Anás. Cuando se le preguntaba a Jesús, él defendía valientemente su misión; cuando se le preguntaba a Pedro, niega cobardemente su asociación con Jesús. San Juan cambia de una escena a otra conforme se desarrolla el drama.

San Juan es el único evangelista que introduce a "otro discípulo" en el relato de la negación de Pedro. Este discípulo anónimo se nombra varias veces en el relato de San Juan y también se le llama "el otro discípulo" y "a quien Jesús amaba." Este otro discípulo parece haber sido particularmente importante para la comunidad de San Juan y se le muestra como un modelo de discípulo en el Evangelio. Aparece en escenas críticas en los relatos de la pasión y resurrección: la "Ultima Cena" (13,23-26), la negación de Pedro, la crucifixión (19,26-27), la tumba vacía (20,2-8), y las apariciones después de la resurrección (21,7. 20-23). En cada escena se le muestra en contraste con Pedro y parece que cada vez, el discípulo se presenta más favorable comparado con Pedro.

San Juan 18,19-24

El Interrogatorio ante Anás. 19El sumo sacerdote interrogó a Jesús
acerca de sus discípulos y de su enseñanza. 20Jesús declaró: "Yo he
hablado siempre en público. He enseñado en las sinagogas y en el
templo, donde se reúnen todos los judíos. No he enseñado nada
clandestinamente. 21¿Por qué me preguntas a mí? Pregunta a los que
me han oído, y ellos podrán informarte." 22Al oír esta respuesta, uno
de los guardias, que estaba junto a él, le dio una bofetada, dicién-
dole: "¿Cómo te atreves a contestar así al sumo sacerdote?" 23Jesús
le dijo: "Si he hablado mal, demuéstrame en qué, pero si he hablado
bien, ¿Por qué me pegas?" 24Entonces, Anás lo envió, con las manos
atadas, a Caifás, el sumo sacerdote.

San Juan llama a Anás "sumo sacerdote" porque los sumos sacerdotes anteriores continuaban llamándose con este título. Cuando Anás le pregunta, Jesús responde con franco valor como siempre lo había hecho a través de su vida pública. Había hablado francamente "al mundo." Ahora su palabra puede ser aprendida de aquellos que le oyeron y le siguieron. Anás se ve reducido al silencio cuando Jesús se convierte en el acusador y Anás el acusado.

San Juan minimiza la burla judía reportada en los otros Evangelios. Mientras que los Evangelios sinópticos contienen una escena de burla que muestra a Jesús como el Siervo doliente, San Juan reporta solamente una bofetada por un guardia del templo. San Juan elaborará la burla romana como parte de su afán de aumentar la complicidad romana en la pasión.

San Juan 18,25-27

Pedro niega nuevamente a Jesús. 25 Mientras Simón Pedro estaba
junto a la fogata, calentándose, uno le preguntó: "¿No eres tú tam-
bién uno de los discípulos de ese hombre?" Pedro lo negó, diciendo:
"No, no lo soy." 26Uno de los siervos del sumo sacerdote, pariente
de aquél a quien Pedro había cortado la oreja, le insistió: "¿Cómo
que no? Yo mismo te vi en el huerto con él." 27Pedro volvió a negarlo.
Y en aquel momento cantó el gallo.

Mientras mandan a Jesús a Caifás, la escena regresa de nuevo al patio y se relaciona con la primera negación de Pedro al calentarse cerca del fuego.

El uso frecuente de la palabra "discípulo" (vv. 15, 16, 17, 25) da énfasis al hecho de que la negación de Pedro era una falla en su discipulado. Su entusiasmo valiente en la Última Cena (13,37) se contrasta fuertemente con su negación cobarde. Mientras que los otros Evangelios mencionan las lágrimas de arrepentimiento de Pedro, San Juan extenderá su relato sobre la reconciliación con Pedro hasta después de la resurrección.

San Juan 18,28-32

El Juicio ante Pilato. 28Después condujeron a Jesús desde la casa de
Caifás, hasta el palacio del gobernador. Era de madrugada. Los
judíos no entraron en el palacio para no contraer impureza legal, y
poder celebrar así la cena de pascua. 29Pilato, por su parte, salió a
donde estaban ellos y les preguntó: "¿De qué acusan a este hom-
bre?" 30Ellos le contestaron: "Si no fuera un criminal, no te lo habría-
mos entregado." 31Pilato les dijo: "Llévenselo y júzguenlo según su
ley." Los judíos dijeron: "Nosotros no estamos autorizados para
condenar a muerte a nadie." 32Así se cumplió la palabra de Jesús,
que había anunciado de qué forma iba a morir.

El juicio ante Pilato está en el corazón del relato de la pasión por San Juan. Después de haber reducido los procedimientos legales judíos a una sola pregunta hecha por Anás, San Juan se enfoca completamente en el juicio romano. Radicalmente arregla el material histórico de los otros Evangelios, y sus propias fuentes a fin de resaltar dramáticamente la escena y centrarse en los motivos teológicos de su Evangelio.

San Juan cambia la escena de atrás para delante de fuera del pretorio donde los judíos estan reunidos a dentro donde tienen preso a Jesús. Pilato se mueve del frenesí de afuera a la defensa elocuente de Jesús adentro. Esta técnica dramática expresa la lucha que se está desarrollando dentro de Pilato cuando pesa su propia convicción de la inocencia de Jesús y la presión de afuera para condenarlo.

Cada escena del juicio está colmada de ironía; cada escena expresa dos niveles de significado, evidente para el lector pero no para los personajes dentro de la escena. El énfasis en todo está centrado en el reino de Jesús. La condenación de Jesús bajo el pretexto de que había dicho que era rey es el medio que San Juan usa para revelar el verdadero reino de Jesús. El verdadero significado de cada escena con frecuencia es justamente el reverso del significado que se ve a primera vista.

El versículo introductorio describe la situación y apunta cuidadosamente la hora. Es la mañana del día anterior a la Pascua. La cena Pascual se comería esa tarde. Así sabemos que San Juan no presenta la Última Cena como la comida pascual.

La primera escena ocurre fuera del pretorio. El miedo a la impureza ritual hace que los judíos no entren en la casa de un pagano. Evitan la impureza ritual para poder comer el cordero pascual. Sin embargo, condenan irónicamente al verdadero cordero pascual, el Cordero de Dios (1,29).

Sólo el Evangelio según San Juan da la razón para el juicio ante Pilato: solamente los romanos tenían el derecho de condenar a cualquier persona a muerte. Pilato quería que los judíos juzgaran a Jesús según sus propias leyes y lo trataran de acuerdo a lo que ellas ordenaban. Sin embargo, los judíos protestaron porque el Sanedrín no tenía la autoridad de crucificar a nadie. San Juan ve esto como el cumplimiento del plan de Dios que Jesús fuera "levantado" en una cruz (12,32-33).

San Juan 18,33-38a

> 33Pilato volvió a entrar en su palacio, llamó a Jesús y le interrogó:
> "¿Eres tú el rey de los judíos?" 34Jesús le contestó: "¿Dices eso por ti
> mismo o te lo han dicho otros de mí?" 35Pilato respondió: "¿Acaso
> soy yo judío? Son los de tu propia nación y los jefes de los sacerdotes
> los que te han entregado a mí. ¿Qué has hecho?" 36Jesús le explicó:
> "Mi reino no es de este mundo. Si lo fuera, mis seguidores hubieran
> luchado para impedir que yo fuera entregado a los judíos. Pero no,
> mi reino no es de este mundo." 37Pilato insistió: "Entonces, ¿eres
> rey?" Jesús le respondio: "Soy rey, como tú dices. Y mi misión consiste en dar testimonio de la verdad. Precisamente para eso he nacido
> y para eso he venido al mundo. Todo el que pertenece a la verdad escucha mi voz." 38Pilato le preguntó: "¿Y qué es la verdad?"

La escena cambia a dentro del pretorio para la confrontación entre Jesús y Pilato. La primera pregunta que Pilato hace es la misma en todos los Evangelio: "¿Eres el rey de los judíos?" Esta es una indicación poderosa que la acusación oficial hecha contra Jesús por los sumos sacerdotes era la subversión contra Roma al declarar que es rey.

En los otros Evangelios Jesús contesta a la pregunta de Pilato con la afirmación ambigua: "Tú lo has dicho." Sin embargo, aquí Jesús asume el control del diálogo y da una explicación cuidadosa de su reino. En verdad Jesús es rey, pero su reino es de una clase muy diferente. Su reino no es un reino político que pertenece a este mundo, sino más bien viene de arriba.

La misión de Jesús es revelar la verdad. El juicio ya no es sobre la inocencia o la culpa de Jesús, sino más bien si Pilato responde o no a la verdad. Es ahora Pilato quien está en juicio. Jesús es la verdad que consiste en que Él es la revelación de Dios en su persona , palabras y acciones. La pregunta de Pilato: "¿Y qué es la verdad?" muestra que no reconocerá la verdad que se da a conocer en Jesús.

San Juan 18,38b-40

> Después de decir esto, Pilato salió de nuevo y dijo a los judíos: "Yo no encuentro delito alguno en este hombre. [39]Pero como ustedes tienen derecho a que se les ponga en libertad un prisionero durante la fiesta de la pascua, ¿quieren que deje en libertad al rey de los judíos?" [40]Pero ellos seguían gritando: "¡No, a ése no! ¡Deja en libertad a Barrabás!" (El tal Barrabás era un bandido).

Al salir otra vez donde estaba la muchedumbre, Pilato revela su decisión: "Yo no encuentro delito alguno en él." Pero, aunque Pilato sabe que Jesús es inocente, se somete más y más a los que rechazan a Jesús porque ha rechazado la verdad. Espera que la muchedumbre le libre de la decisión que no está dispuesto a hacer, Pilato les presenta el escoger irónicamente entre Jesús, un rey verdadero, y Barrabás, un revolucionario político. Al mencionar que Barrabás era un bandido (la palabra también significa "ladrón"), San Juan recuerda el contraste entre el buen pastor cuyas ovejas oyen su voz (18,37) y el ladrón que entra engañosamente al redil (10,1-10). La muchedumbre escoge al líder falso y rechaza al verdadero mesías quien encarna todas sus esperanzas.

San Juan 19,1-3

> [1]Entonces Pilato ordenó que lo azotaran. [2]Los soldados prepararon una corona de espinas y se la pusieron en la cabeza. También colocaron sobre los hombros un manto rojo. [3]Y se acercaban a él, diciendo: "¡Salve, rey de los judíos!" Y le daban bofetadas.

La escena de la flagelación y burla de Jesús forma el centro estructural del juicio ante Pilato. Es precedido por tres escenas y es seguido de tres escenas, cada una alternando de afuera a dentro. Con ironía dramática, el tema central del juicio, el reino de Jesús, es desplazado.

En el Evangelio de San Marcos y de San Mateo, la flagelación y burla acontecen al final del juicio y fueron parte del castigo de Jesús. En el de San Lucas, la burla fue la obra de Herodes y mostraba su desprecio de Jesús. En el de San Juan, la flagelación y la burla parecen ser un modo como Pilato trataba de aplacar a la muchedumbre y de evitar la crucifixión de Jesús. En las escenas de la muchedumbre inmediatamente antes y después de esta, Pilato proclama la inocencia de Jesús y busca cómo soltarlo.

Omitiendo algo de la brutalidad humillante relatada por San Marcos y San Mateo, San Juan se concentra en esos elementos de la burla que imitan un reino: la corona de espinas, el manto rojo, las aclamaciones de realeza. El reino de Jesús es irónicamente proclamado cuando las palabras de estos soldados predicen la aclamación futura de Jesús como rey de los paganos.

San Juan 19,4-7

> 4Pilato salió, una vez más, y les dijo: "Miren, lo traigo de nuevo para
> que quede bien claro que yo no encuentro delito alguno en este
> hombre." 5Salió, pues, Jesús afuera. Llevaba sobre su cabeza la co-
> rona de espinas y sobre sus hombros el manto rojo. Pilato lo pre-
> sentó con estas palabras: "¡Éste es el hombre!" 6Los jefes de los
> sacerdotes y los guardias, al verlo, comenzaron a gritar: "¡Crucifí-
> calo, crucifícalo!" Pilato les dijo: "Llévenselo ustedes y crucifíquenlo,
> porque yo no encuentro delito alguno en él." 7Los judíos insistieron:
> "Nosotros tenemos una ley y, según ella, debe morir, porque se ha
> presentado a sí mismo como Hijo de Dios."

De nuevo Pilato aparece ante la muchedumbre, pero esta vez tiene a Jesús con él. El tema del reino continúa cuando solemnemente se presenta a Jesús, portando su corona y manto reales, ante su pueblo para que lo aclamen. La proclamación de Pilato: "¡Éste es el hombre!" es rica con muchos niveles de significado. Pilato muestra a Jesús como un hombre desafortunado y débil y a quien no se le debe tomar en serio. Sin embargo, también sabemos que Jesús es el Hijo del Hombre sufridor en su camino a la gloria (12,23).

Los judíos saludan a su rey con el grito: "¡Crucifícalo!" El verbo "gritar" recuerda que esa misma muchedumbre había gritado: "Hosanna al rey de Israel," unos cuantos días antes. Pilato, aunque trataba, no ha logrado aplacar a la muchedumbre con el castigo que le había impuesto ni al presentarlo a la muchedumbre como un pretendiente inofensivo.

Cuando Pilato entrega a los judíos la responsabilidad de la muerte de Jesús, la verdadera razón de su antagonismo se ve claramente. Ellos acusan a Jesús de blasfemia al llamarse a sí mismo: Hijo de Dios; por lo tanto, debe morir.

San Juan 19,8-11

> 8 Al oír esto, Pilato sintió aún más miedo. 9 Entró de nuevo en el pala-
> cio y preguntó a Jesús: "¿De dónde eres tú?" Pero Jesús no le con-
> testó. 10 Pilato le dijo: "¿Te niegas a contestarme? ¿Es que no sabes
> que yo tengo autoridad tanto para dejarte en libertad como para or-
> denar que te crucifiquen?" 11 Jesús le respondió: "No tendrías autori-
> dad alguna sobre mí, si no te la hubieran dado de lo alto, por eso, el
> que me entregó a ti tiene más culpa que tú."

Este pasaje es un paralelo con el diálogo entre Jesús y Pilato en 18,33-38. Ambas escenas son precedidas y seguidas por las escenas de la muchedumbre afuera. En cada una, Jesús responde a Pilato en un estilo solemne y se convierte en su juez. Las preguntas de Pilato están en el nivel mundano, y las respuestas de Jesús indican que Él está en un nivel más arriba del mundo.

La pregunta de Pilato: "¿De dónde eres tú?" puede haber sido originalmente otro intento para libertar a Jesús y aminorar su propia responsabilidad. En el Evangelio según San Lucas, Pilato envía a Jesús a Herodes después de escuchar que era de Galilea. Sin embargo, San Juan usa esta pregunta para referirse al origen divino de Jesús. Pilato se da cuenta que ya no está hablando con Jesús en un nivel político, sino que está respondiendo a una demanda religiosa que Jesús es el Hijo de Dios.

El corazón de la escena es la declaración de Jesús sobre el poder. Después de que Pilato amenaza a Jesús con su propio poder mundano para dejarlo libre o crucificarlo, Jesús habla en otro nivel. Pilato sólo tiene poder sobre Jesús porque el Padre se lo ha dado para que Jesús sea glorificado. Ninguno le quita la vida a Jesús, sino que Él la entrega por su propia voluntad. Como lo dijo: "Yo tengo poder para darla y para recuperarla de nuevo" (10,18).

San Juan 19,12-16a

> 12 Desde ese momento Pilato intentaba ponerlo en libertad. Pero los
> judíos le gritaban: "Si pones en libertad a este hombre, no eres amigo
> del emperador romano. Porque cualquiera que tenga la pretensión
> de ser rey, es enemigo del emperador." 13 Pilato, al oír esto, mandó
> que sacaran fuera a Jesús y lo sentó en el tribunal, en el lugar cono-
> cido con el nombre de "Enlosado" (que en la lengua de los judíos se
> llama "Gábbata"). 14 Era la víspera de la fiesta de la pascua, hacia el
> mediodía. Pilato dijo a los judíos: "¡Aquí tienen a su rey!" 15 Ellos co-
> menzaron a gritar: "¡Mátalo! ¡Crucifícalo!" Pilato insistió: "¿Cómo

voy a crucificar a su rey?" Pero los jefes de los sacerdotes contestaron: "Nuestro único rey es el emperador romano." [16]Entonces Pilato les entregó a Jesús para que lo crucificaran.

San Juan muestra claramente la verdadera razón de Pilato para someterse a las exigencias judías. Las muchedumbres usaban chantaje político contra él al amenazarlo con denunciarlo a Roma. Se sugiere que Pilato tenía el título honorífico de "Amigo del César," que se otorgaba a oficiales que lo merecían. Si se acusara a Pilato de ser benevolente con un rival del emperador, se le castigaría severamente por su deslealtad.

Otra vez Pilato saca a Jesús del pretorio y lo sienta en la banca del juez ante la multitud. Este gesto capta la ironía del juicio entero. Aunque parece que Jesús está en juicio, el verdadero juez en todo esto es Jesús mismo. Sus preguntas ponen a Pilato en juicio y al condenar a Jesús, los que rechazan a Jesús están realmente juzgandose a sí mismos.

Todos los cuatro Evangelios afirman el día de la muerte de Jesús como viernes, el día anterior al sábado. Sin embargo, San Juan difiere de los otros al especificar la relación de este día con la Pascua. Los Evangelios sinópticos muestran que Jesús murió en el primer día de la Pascua, mientras que San Juan dice que era el Día de Preparación, el día antes que la fiesta empezara. Aunque no se sabe con seguridad la realidad histórica, cada Evangelio asocia la muerte de Jesús con aspectos de la fiesta de Pascua.

En el Evangelio según San Juan, Jesús es entregado para ser crucificado a la misma hora en que empieza ritualmente la matanza de los corderos pascuales en el templo. Mientras se matan a miles de corderos en preparación para la gran fiesta de liberación judía, el Cordero de Dios que quita el pecado del mundo (1,29) se ofrece en la cruz.

Las últimas palabras de los sumos sacerdotes: "Nuestro único rey es el emperador romano," proclama un juicio terrible sobre ellos mismos. Israel había dicho siempre que Dios solo es su verdadero rey. Este reinado se hacía visible en el rey ungido de la Casa de David y se esperaba que el Mesías futuro viniera a establecer el reino de Dios en la tierra. Ahora los judíos rechazan a su rey mesiánico y, con una blasfemia horrorosa, dan su alianza a Tiberio, el emperador loco exiliado en Caprí.

San Juan 19,16b-22

La Crucifixión de Jesús. Se hicieron, pues, cargo de Jesús [17]quien, llevando a hombros su propia cruz, salió de la ciudad hacia un lugar

> llamado "La Calavera" (que en la lengua de los judíos se dice "Gól-
> gota"). [18]Allí lo crucificaron junto con otros dos, uno a cada lado de
> Jesús. [19]Pilato mandó escribir y poner sobre la cruz un letrero con
> esta inscripción: "Jesús de Nazaret, el rey de los judíos." [20]Leyeron
> el letrero muchos judíos, porque el lugar donde Jesús había sido
> crucificado estaba cerca de la ciudad, y estaba escrito en hebreo, en
> latín y en griego. [21]Los jefes de los sacerdotes se presentaron a Pilato
> y le dijeron: "No escribas: 'El rey de los judíos', sino más bien: 'Este
> hombre ha dicho: Yo soy el rey de los judíos.' " [22]Pero Pilato les con-
> testó: "Lo que he escrito, escrito queda."

San Juan relata que como Jesús fue llevado fuera para la crucifixión, él solo carga la cruz. Los Evangelios sinópticos hacen de Simón de Cirene una imagen del discipulado al llevar la cruz, pero San Juan le da énfasis al hecho de que Jesús está en control sobre su propio destino. Aquí San Juan continúa mostrando que nadie le quita la vida a Jesús, sino que él la entrega por su propia voluntad (10,18). También, San Juan quiere aludir a la figura del Antiguo Testamento, a Isaac, la víctima para el sacrificio que cargó la leña para el ofrecimiento de sí mismo.

El tema del reino, tan central para las escenas del juicio, continúa en el relato de la crucifixión. Como al rey crucificado, se coloca a Jesús en medio de los dos criminales, el puesto de honor. La inscripción arriba de la cruz proclama el reino de Jesús en los tres idiomas pertinentes del imperio: hebreo, latín y griego. San Juan resalta el reino universal de Jesús, proclamado desde la cruz al mundo entero. A pesar de las objeciones de los sumos sacerdotes, Pilato insiste en dejar la inscripción tal como está escrita, la última proclamación irónica del procurador desafiante.

San Juan 19,23-24

> [23]Los soldados, después de crucificar a Jesús, se apropiaron de sus
> vestidos e hicieron con ellos cuatro partes una para cada uno. De-
> jaron aparte la túnica. Como era una túnica sin costuras, tejida de
> una sola pieza de arriba abajo, [24]los soldados llegaron a este acuerdo:
> "Es mejor que no la dividamos; vamos a sortearla para ver a quién le
> toca." Así se cumplió este texto de la Escritura: *Dividieron entre ellos
> mis vestidos y mi túnica la echaron a suertes.* Éso fue lo que hicieron los
> soldados.

Mientras que los otros evangelistas hablan de sortear para dividir los vestidos de Jesús, San Juan amplifica la escena con varias adiciones.

Distingue entre los vestidos de afuera de Jesús que se dividieron en cuatro partes, y la túnica interior que no se dividió. Aunque los otros evangelistas se refieren al Salmo 22,19, San Juan explícitamente cita el versículo y muestra los dos versos paralelos que se refieren a las diferentes piezas de su vestidura.

La túnica sin costura es claramente el foco del simbolismo para San Juan. De manera parecida se describe la túnica del sumo sacerdote en otros escritos, así San Juan puede mostrar que Jesús murió, no sólo como rey, sino también como sacerdote. El sacerdocio de Jesús es ciertamente una idea del Nuevo Testamento y se desarrolla particularmente en la Carta a los Hebreos.

La túnica que no se divide simboliza también la unidad de Jesús con la Iglesia. Mientras que las otras vestiduras se dividieron en cuatro partes, representando los cuatro puntos de la tierra, la extensión futura de la Iglesia, la túnica sin costura representa la unidad de esa Iglesia. Tal unidad es el foco de la oración final de Jesús en la Última Cena y es un tema importante en todo el Evangelio (10,16; 11,52; 17,11.21-23).

San Juan 19,25-27

> 25 Junto a la cruz de Jesús estaban su madre, la hermana de su madre,
> María la mujer de Cleofás, y María Magdalena. 26 Jesús, al ver a su
> madre y junto a ella al discípulo a quien tanto amaba, dijo a su
> madre: "Mujer, ahí tienes a tu hijo." 27 Después dijo al discípulo:
> "Ahí tienes a tu madre." Y desde aquel momento, el discípulo la recibió como suya.

Las mujeres al pie de la cruz de Jesús están descritas de diferentes maneras en el Evangelio según San Juan. Los otros evangelistas colocaron a las mujeres a cierta distancia y contemplando todo. San Juan intensifica el drama al colocarlas al pie de la cruz y añadiendo en la escena a la madre de Jesús y al discípulo amado.

La escena con la madre de Jesús y el discípulo amado tiene muchos niveles de significado como es típico de los escritos de San Juan. En un plano puramente natural, muestra el cuidado de Jesús por su madre. Antes de su propia muerte, Jesús la entrega al cuidado del discípulo amado. Sin embargo, hay muchas indicaciones que San Juan tenía en mente algo más profundo que simplemente un cuidado filial. Aunque ambos caracteres son claramente personas históricas, San Juan nunca nos da sus nombres propios. Parece que su importancia para el Evangelio está en su papel simbólico y espiritual.

La boda de Caná (2,1-12), la única otra escena en que San Juan habla de la madre de Jesús, tiene varios puntos similares a ésta. En ambos casos se dirige a ella como "Mujer," un título poco común cuando se le habla a su propia madre. En ambas escenas "la hora" de Jesús es central: en Caná su hora todavía no había llegado, y aquí su hora de glorificación está muy cerca. También vemos a Jesús, dentro del contexto de su cercana muerte, que habla sobre una mujer que está dando a luz (16,21). Aquí también usa las palabras "mujer" y "hora" y habla sobre su glorificación en términos de penas y gozos al dar a luz. Así, el papel maternal de María no pertenece primeramente a la vida física de Jesús, sino a la "hora" de Jesús cuando nace la comunidad cristiana.

Al pie de la cruz Jesús deja atrás la nueva comunidad de sus discípulos. Esto está de acuerdo con lo que los otros Evangelios presentan, en los cuales Jesús indica que su madre y sus hermanos y sus hermanas son sus discípulos, los que hacen la voluntad del Padre (Marcos 3:31-35; Mateo 12,46-50; Lucas 8,19-21). En San Juan, la madre de Jesús llega a ser la madre de los discípulos cuando la nueva familia espiritual es creada por el espíritu de Jesús que es dado en su muerte.

Hay muchos pasajes en el Antiguo Testamento en los cuales Israel es simbolizado por una mujer dando a luz a un pueblo nuevo (por ejemplo: Isaías 54,1; 66,7-9). La mujer en el Apocalipsis 12,1-18, en una imagen parecida, da a luz al mesías. Después de que su hijo fue "arrebatado al trono de Dios," la mujer continuó su vida en la tierra con "el resto de sus hijos," los discípulos cristianos, "los que cumplían los mandamientos de Dios y eran testigos de Jesús." Así, como el discípulo amado en el Evangelio según San Juan representa el discipulado ideal, así también la madre de Jesús es una imagen de la Iglesia, que cuida y pone al cuidado de los discípulos de Jesús, a los que llegan a ser sus hijos y hermanos y hermanas de Jesús.

San Juan También puede haberse referido a la mujer en el libro del Génesis 3,15 y a la enemistad entre su descendencia y la de Satanás/la serpiente. San Juan muestra varios paralelos a los relatos de la creación: empieza su Evangelio con las mismas tres palabras usadas para comenzar el Libro del Génesis, y nos dice que el lugar de los sufrimientos, muerte y resurrección de Jesús era un "jardín" (18,1; 19,41).

Jesús habla de los hijos de Satanás (8,44) y dice que su propia "hora" es la hora de la caída de Satanás (12,23. 31). La madre de Jesús, la "mujer," es la Eva nueva cuya descendencia constituye el nuevo pueblo de Dios.

San Juan 19,28-30

[28]Después, Jesús, sabiendo que todo se había cumplido, para que
también se cumpliera la Escritura, exclamó: *"Tengo sed."* [29]Había allí
una jarra con vinagre. Los soldados colocaron en la punta de una
caña una esponja empapada en el vinagre y se la acercaron a la boca.
[30]Jesús probó el vinagre y dijo: "Todo está cumplido." E inclinando
la cabeza entregó el espíritu.

Habiendo simbolizado el nacimiento de la comunidad cristiana al pie de la cruz, San Juan nos dice que Jesús vio que todo estaba cumplido. Ahora podía completar lo que las Escrituras habían dicho sobre la necesidad de un mesías sufridor. Su muerte sería el cumplimiento de la misión en su vida, el cumplimiento de la voluntad de su Padre.

Las palabras de Jesús desde la cruz: "Tengo sed," expresan su deseo de cumplir la voluntad de su Padre. Tiene que "beber la copa" que el Padre le había dado a beber. Al beber el vinagre, Jesús cumple literalmente el Salmo 69,22: "me dieron a beber vinagre para mi sed." Solamente después de que Jesús bebe el cáliz del sufrimiento y de la muerte, puede convertirse en la fuente de agua viva para todos los que tienen sed (7,37-38). Sólo después de que Jesús entrega el Espíritu en su glorificación, "ríos de agua viva" fluyen dentro de aquellos que creen en él (7,39).

Sólo San Juan menciona el hisopo de caña usado para dar el vinagre a Jesús. Era el hisopo que se usó para rociar la sangre salvadora del cordero pascual en el Éxodo 12,22. San Juan evoca el simbolismo del Antiguo Testamento para mostrar que la sangre de Jesús establece la nueva alianza. Crucificado a la misma hora que se mataban en el templo a los corderos pascuales, muestra a Jesús moribundo como el "Cordero de Dios que quita el pecado del mundo" (1,29).

Las últimas palabras de Jesús, "Todo está cumplido," son muy diferentes de los clamores agonizantes de Jesús en San Marcos y en San Juan. Estas palabras simbolizan una terminación triunfante cuando Jesús acepta su muerte como el cumplimiento del plan del Padre. Al morir, Jesús entrega su espíritu y empieza la vida nueva de la comunidad cristiana.

San Juan 19,31-37

Sangre y Agua. [31]Como era el día de la preparación de la fiesta de
pascua, los judíos no querían que los cuerpos quedaran en la cruz
aquel sábado, ya que aquel día se celebraba una fiesta muy solemne.

> Por eso pidieron a Pilato que ordenara romper las pienas a los crucificados y que los bajaran de la cruz. 32Fueron, pues, los soldados y rompieron las piernas a los dos que habían sido crucificados con Jesús. 33Cuando se acercaron a Jesús, se dieron cuenta de que ya había muerto; por eso no le rompieron las piernas. 34Pero uno de los soldados le atravesó el costado con una lanza y, en seguida, brotó del costado sangre y agua. 35El que vio estas cosas da testimonio de ellas, y su testimonio es verdadero. El sabe que dice la verdad, para que también ustedes crean. 36Esto sucedió para que se cumpliera la Escritura, que dice: *No le quebrarán ningún hueso.* 37La Escritura dice también en otro pasaje: *Mirarán al que traspasaron.*

En cada uno de los Evangelios la muerte de Jesús es seguida por signos milagrosos que expresan el significado de su muerte. Los Evangelios sinópticos rodean la escena de la cruz con incidentes extraordinarios, tales como el rasgarse el velo del templo, el temblor y la apertura de las tumbas, y la confesión de fe del centurión. Sin embargo, en el Evangelio según San Juan los signos que expresan el significado y los resultados de su muerte están localizados en el cuerpo de Jesús.

En el nivel histórico, San Juan relata cuidadosamente que las piernas de los otros dos cuerpos fueron quebradas mientras que las piernas de Jesús no lo fueron. Se rompían las piernas para apresurar su muerte porque el Sábado se acercaba y se tenían que bajar los cuerpos de las cruces. Sin embargo, como Jesús ya había muerto, no le rompieron las piernas. El interés de San Juan aquí es claramente a un nivel más profundo y está relacionado con la Pascua que va a empezar. Los pasajes citados de la Escritura son del libro del Éxodo 12,46 que manda que no se rompa ningún hueso del cordero pascual, y del Salmo 34,20 que asegura la misma protección de cualquier mutilación para un hombre justo. Una vez más, se muestra a Jesús como el Cordero sacrificado que cumple la Pascua antigua y trae la salvación a todos los que le siguen.

San Juan declara que cuando se atravesó el costado de Jesús con una lanza, fluyó inmediatamente sangre y agua. Hay muchas teorías médicas que explican cómo puede pasar este fenómeno poco ùsual. Podemos empezar presumiendo que San Juan describe algo que realmente pasó bien sea natural o milagrosamente. Su afirmación de un testimonio que lo había visto confirma esta idea. Sin embargo, claramente San Juan tiene una razón más teológica y más profunda para resaltar este evento. La atravesada del costado con una lanza muestra para los testigos que Jesús estaba realmente muerto. San Juan muestra que de esta muerte fluye una vida nueva para todos los que le siguen.

En San Juan 7,38-39, Jesús se refiere a un pasaje bíblico: "Ríos de agua viva brotarán de dentro de él." San Juan explica que Jesús se refiere aquí al Espíritu que los creyentes van a recibir cuando Jesús sea glorificado. Así, el fluir del agua desde dentro de Jesús simboliza al Espíritu dador de vida otorgado a la Iglesia a través de la muerte y resurrección de Jesús.

Para comprender la unión de la sangre con el agua, nos referimos a un pasaje parecido de la misma escuela de escritores, 1 Juan 5, 6-8. Aquí se dice que Jesús "vino mediante agua y sangre; no por agua únicamente." También dice que hay tres que dan testimonio: "el Espíritu, el agua, y la sangre." Y el testimonio es ésto: "Dios nos dio vida eterna, y esta vida está en su Hijo" (1 Juan 5,11). El Espíritu no es capaz de venir sino hasta que Jesús se haya ido (Jn 16,7), hasta que haya derramado su sangre. Ahora los efectos, tanto del agua como de la sangre que dan vida, son capaces de transformar a todos los creyentes.

La única otra referencia a la sangre de Jesús se encuentra en el Evangelio según San Juan 6, 53-56. Al hablar a cerca de la Eucaristía, Jesús dice que quien beba su sangre tiene vida eterna. Así la sangre y el agua simbolizan la Eucaristía y el bautismo, los dos medios principales por los cuales los seguidores de Jesús comparten en su vida a través del Espíritu. Por lo tanto, en el momento de su muerte Jesús forma a su Iglesia, le entrega su Espíritu, y derrama los medios para compartir en su vida eterna.

San Juan 19,38-42

> **La sepultura de Jesús.** 38Después de esto, José de Arimatea, que era
> discípulo de Jesús, aunque lo mantenía en secreto por miedo a los
> judíos, pidió autorización a Pilato para retirar el cuerpo de Jesús. Pi-
> lato se lo concedió. Entonces él fue y tomó el cuerpo de Jesús. 39Llegó
> también Nicodemo, el que en una ocasión había ido a hablar con
> Jesús durante la noche, con unos treinta kilos de una mezcla de
> mirra y perfume. 40Entre los dos se llevaron el cuerpo de Jesús y lo
> envolvieron con vendas de lino bien empapadas en la mezcla de
> mirra y perfume, según la costumbre judía de sepultar a los muer-
> tos. 41Cerca del lugar donde fue crucificado Jesús había un huerto y,
> en el huerto, un sepulcro nuevo en el que nadie había sido ente-
> rrado. 42Allí, pues, depositaron a Jesús dado que el sepulcro estaba
> cerca y era la víspera de la fiesta de pascua.

Como en los otros Evangelio, José de Arimatea le pide a Pilato el cuerpo de Jesús. Al recibir el permiso de Pilato, José pone a Jesús en una tumba porque el Sábado se acercaba rápidamente. Sin embargo, San Juan añade sus propios detalles a esta última escena de la pasión.

San Juan describe a José y a Nicodemo como diferentes tipos de creyentes. Ambos eran judíos que creían en Jesús pero todavía no tenían el valor de profesar abiertamente su fe. José era "un discípulo de Jesús secretamente por miedo a los judíos." Nicodemo, mencionado solamente en el Evangelio según San Juan, se acercó a Jesús secretamente de noche (3,1-21). San Juan nos hace ver el ejemplo de José y Nicodemo para mostrar que una vez que Jesús ha resucitado, atraerá a todos a sí mismo (12,32).

Los otros evangelistas describen la sepultura de Jesús como una preparación para la resurrección; incluyen en sus relatos cómo cerraron la tumba con una piedra, y las mujeres observaban cuidadosamente el lugar de la tumba para poder regresar a ungir a Jesús después del Sábado. Sin embargo, San Juan describe la escena de la sepultura como la conclusión de la pasión continuando el tema del reino de Jesús. Como Jesús fue proclamado rey durante su juicio, y públicamente proclamado rey en la cruz, así ahora es sepultado como un rey. Una gran cantidad de mirra y de perfume y la tumba nueva son elementos de una sepultura digna de un rey.

San Juan 20,1-10

> **La tumba vacía.** [1]El domingo por la mañana, muy temprano, antes
> de salir el sol, María Magdalena vino al sepulcro. Cuando vio que
> habían retirado la piedra que tapaba la entrada, [2]regresó corriendo
> adonde estaban Simón Pedro y el otro discípulo a quien Jesús tanto
> quería, y les dijo: "Se han llevado del sepulcro al Señor y no sabe-
> mos dónde lo han puesto." [3]Pedro y el otro discípulo fueron rápida-
> mente al sepulcro. [4]Salieron corriendo los dos juntos, pero el otro
> discípulo se adelantó a Pedro y llegó antes que él. [5]Al asomarse al
> interior comprobó que las vendas de lino estaban allí; pero no entró.
> [6]Siguiéndole los pasos llegó Simón Pedro que entró en el sepulcro, y
> observó que las vendas de lino estaban allí. [7]Estaba también el lienzo
> que habían colocado sobre la cabeza de Jesús, pero no estaba con las
> vendas, sino doblado y colocado aparte. [8]Entonces entró también el
> otro discípulo, el que había llegado primero al sepulcro. Vio y creyó.
> [9](Y es que hasta entonces, los discípulos no habían entendido la Es-
> critura, según la cual Jesús tenía que resucitar de entre los muertos).
> [10]Los discípulos regresaron a casa.

Cada evangelista empieza el relato de la resurrección mencionando el día y la hora. Todos concuerdan al referirse al domingo temprano en la mañana, el primer día de la semana. Sin embargo, mientras que los Evangelios sinópticos describen la hora como la madrugada, San Juan relata que todavía estaba oscuro. Esto está de acuerdo con su contraste simbólico entre la luz y la oscuridad que ocurre en todo el Evangelio. Todavía estaba oscuro porque la luz de la presencia de Jesús se había ido para los discípulos puesto que todavía no habían visto la luz de la fe en la resurrección.

San Juan identifica sólo a María Magdalena cerca de la tumba, aunque el "nosotros" en el versículo 2 se refiere a una tradición más temprana que había otras mujeres con ella. Comparado con los otros Evangelios, San Juan no especifica por qué María Magdalena vino a la tumba. Mientras los otros escritores describen el mensaje angélico, parece en este relato que María concluyó que el cuerpo de Jesús estaba ausente cuando vio que la tumba ya no estaba sellada con la piedra. Al pensar que el cuerpo debía de haber sido robado, corrió a decírselo a Pedro y al otro discípulo.

Se introduce en los relatos de la resurrección de este Evangelio al discípulo sin nombre, pero llamado aquí "el otro discípulo a quien Jesús tanto quería." Se le describe otra vez con Pedro y se le muestra como el discípulo modelo. Le gana a Pedro tanto en la rapidez como en las ideas. El propósito del contraste no es aminorar a Pedro, sino mostrar que el otro discípulo es el modelo para todos los discípulos porque está íntimamente relacionado con Jesús en amor. Aunque llega primero a la tumba, el otro discípulo no entra, sino que éso se lo deja a Pedro. Al observar la entrada de Pedro en el sepulcro primero, este evangelista muestra que conoce bien la tradición dominante de la resurrección que reconoce a Pedro como el testigo principal de la resurrección.

La escena completa nos lleva al clímax del versículo: "Vio y creyó." El discípulo amado llegó a creer al ver el vendaje del entierro de Jesús donde su cuerpo había estado. Si hubieran robado el sepulcro, ciertamente el vendaje se hubiera llevado junto con el cuerpo. La escena es un contraste fuerte con el que describe la salida de Lázaro de la tumba, en la cual San Juan da un relato detallado sobre los diferentes vendajes que todavía ataban al cuerpo resucitado.

San Juan 20,11-18

La aparición a María Magdalena. [11]María, en cambio, se quedó allí,
junto al sepulcro, llorando. Sin dejar de llorar, volvió a asomarse al
sepulcro. [12]Entonces vio dos ángeles, vestidos de blanco, sentados en
el lugar donde había estado el cuerpo de Jesús, uno a la cabecera y
otro a los pies. [13]Los ángeles le preguntaron "Mujer, ¿por qué lloras?"
Ella contestó: "Porque se han llevado a mi Señor y no sé dónde lo

han puesto." 14Dicho esto, se volvió hacia atrás y vio a Jesús, que es-
taba allí, pero no lo reconoció, 15Jesús le preguntó: "Mujer, ¿por qué
lloras? ¿A quién estás buscando?" Ella, creyendo que era el jardinero,
le contestó: "Señor, si te lo has llevado tú, dime dónde lo has puesto
y yo misma iré a recogerlo." 16Entonces Jesús le dijo: "¡María!" Ella se
acercó a él y exclamó en arameo: "¡Rabboni!" (que quiere decir Mae-
stro). 17Jesús le dijo: "No me retengas, porque todavía no he subido a
mi Padre; anda, ve y di a mis hermanos que voy a mi Padre que es el
Padre de ustedes; a mi Dios, que es también su Dios." 18María Mag-
dalena se fue corriendo adonde estaban los discípulos y les anunció:
"He visto al Señor." Y les contó lo que Jesús le había dicho.

El relato de la apariencia de Jesús a María Magdalena fue originalmente una tradición separada del descubrimiento de la tumba vacía en los versículos 1-10. La tumba vacía resalta la realidad que Jesús resucitado es una presencia corporal y continúa su existencia en la tierra. El relato de la aparición se centra en su transformación y en la dificultad de reconocer su presencia. San Juan enlaza los dos relatos con la transición en el versículo 11.

La atención prestada a la dificultad de reconocer a Jesús resucitado es una defensa de la realidad de las apariciones. Si los seguidores de Jesús hubieran esperado y anticipado su aparición, lo que experimentaron podía atribuirse a una impresión psicológica. Su dificultad en reconocer a Jesús también muestra que la realidad de Jesús ha cambiado; ahora sus seguidores lo sienten de una manera nueva.

Jesús le pregunta a María Magdalena: "¿A quién estás buscando?" El que María busque a Jesús representa la búsqueda de todos los seguidores de Jesús. La escena está colmada de intimidad y afecto por él. Sólo cuando ella oye su voz, cuando Jesús la llama por nombre, ella lo reconoce. San Juan les dice a sus lectores que en la palabra hablada por Jesús tienen el medio para reconocer su presencia. Así como las ovejas reconocen la voz del pastor cuando les llama por nombre (10,3-4), así Jesús llama a sus seguidores personalmente a que se relacionen con él.

Los relatos de San Lucas de la ascensión expresan el fin de las apariciones después de la resurrección de Jesús. San Juan lo entiende de una manera muy diferente. La ascensión en el Evangelio según San Juan no está separada de la resurrección. Continuamente Jesús describe la meta de su vida en términos de la resurrección y de la ida al Padre. En la cruz Jesús ya ha entrado en el proceso de su glorificación. La resurrección de entre los muertos incluye la ascensión a la presencia de Dios y la exaltación a la derecha de Dios. Jesús es levantado en la cruz; resucita de entre los muertos; y asciende al Padre. Todo es parte de su "hora," su exaltación y glorificación.

Si se considera este modo de entender la ascensión de Jesús, podemos comprender mejor sus palabras a María: "No me retengas, porque todavía no he subido a mi Padre." Ella está tratando de aferrarse firmemente a Jesús de la misma manera que lo hacía durante su ministerio terrenal. Jesús indica que su presencia permanente llegará sólo con el don del Espíritu cuando él ascienda al Padre. Al hablar de su ascensión en el discurso sobre el pan de vida, Jesús decía: "El Espíritu es quien da la vida; la carne no sirve para nada" (6,63). María no debe adherirse a Jesús como si estuviera todavía en la carne; al contrario se le ordena que vaya y prepare a los discípulos para la venida de Jesús cuando les dará al Espíritu.

El Espíritu creará una relación renovada, que da vida, no sólo con Jesús sino también con el Padre. Jesús describe su ascensión como su "ida a mi Padre y que es el Padre de ustedes; a mi Dios, que es también su Dios." La relación filial de Jesús con el Padre se comparte ahora con sus discípulos. Se cumplen las palabras en el prólogo de San Juan: "A todos aquellos que creen en su nombre, les dio capacidad para ser hijos de Dios" (1,12). El dar al Espíritu engendrará a discípulos creyentes como hijos del Padre.

San Juan 20,19-23

> **Aparición a los discípulos.** 19Aquel mismo domingo, por la tarde,
> estaban reunidos los discípulos en una casa con las puertas cerradas
> por miedo a los judíos. Jesús se presentó en medio de ellos y les dijo:
> "La paz esté con ustedes." 20Y les mostró las manos y el costado. Los
> discípulos, se llenaron de alegría al ver al Señor. 21Jesús les dijo de
> nuevo: "La paz esté con ustedes." Y añadió: "Como el Padre me ha
> enviado, yo también los envío a ustedes." 22Sopló sobre ellos y les
> dijo: "Reciban al Espíritu Santo. 23A quienes les perdonen los peca-
> dos, Dios se los perdonará; y a quienes se los retengan, Dios se los
> retendrá."

Al describir la aparición de Jesús resucitado, San Juan muestra que Jesús está transformado y ya no está limitado por las condiciones materiales tales como puertas cerradas con llave. Sin embargo el cuerpo resucitado es también corporal, como lo prueban las heridas en sus manos y en el costado. Aún más significativo, la concentración sobre las heridas de Jesús establece la continuidad entre la crucifixión y la resurrección. Jesús, que fue elevado en la cruz, es el mismo Jesús que ahora se presenta a sus discípulos.

San Juan se enfoca en la presencia de Jesús resucitado y en lo que su presencia significa para los discípulos. Aquí Jesús cumple muchas de sus promesas hechas en el Último Discurso, especialmente la paz y el gozo que su presencia trae. En la Última Cena, después de prometer enviar al Espíritu Santo, Jesús deja a sus discípulos el don de la paz. Al apremiarles a que no teman, asoció su don de paz a su promesa de regresar a ellos (14,27-28). Ahora que ha regresado a ellos, les concede su paz que es su presencia constante y salvadora otorgada por medio del Espíritu Santo.

También en el Último Discurso, Jesús les asegura a los discípulos que se regocijarán cuando regrese a ellos. "De momento están tristes; pero volveré a verlos y de nuevo se alegrarán con una alegría que nadie les podrá arrebatar" (16,22). Este sentido de paz y gozo duradero y no de este mundo, era característico del fin de los tiempos anticipado en el Antiguo Testamento. San Juan muestra que este período se cumple cuando Jesús regresa a entregar su Espíritu.

Al comunicar el Espíritu a los discípulos, Jesús los comisiona a continuar la misión salvadora que él recibió del Padre. A través del poder del Espíritu, Jesús estará presente con los discípulos en su misión, así como el Padre estuvo presente con Jesús en su misión (13,20). Ahora los discípulos mostrarán a Jesús, cuando el Espíritu de verdad da testimonio de él (15,26), y cuando el Espíritu les enseña todo y les recuerda todo lo que Jesús les dijo (16,26).

Cuando Jesús les entrega el Espíritu Santo a sus discípulos, sopla sobre ellos. Así como Dios sopló el espíritu o el soplo de vida en la humanidad en el momento de la creación (Gen 2,7), así Jesús sopla su Espíritu cuando el pueblo de Dios es re-creado. Con otra imagen los huesos secos de la visión de Ezequiel revivieron cuando el espíritu se infundió en ellos (Ezeq 37). Así, también el Espíritu da vida eterna a aquéllos que siguen a Jesús en la creación nueva.

La misión de los discípulos está descrita como el perdón de los pecados y la retención de los pecados. Continuarán participando en la obra del "Cordero de Dios que quita el pecado del mundo" (1,29). Jesús vino al mundo a salvarlo, sin embargo, algunos se condenarán porque no creen en él (3,17-18). Como Jesús, los discípulos hacen que las personas se juzguen a sí mismos; algunos entrarán en la luz y recibirán el perdón de sus pecados, otros permanecerán en tinieblas. Jesús les da a sus discípulos el poder sobre el pecado que se debe ejercer por medio del Espíritu Santo cuando son enviados a continuar su obra.

San Juan 20,24-29

Tomás. 24Tomás, uno del grupo de los Doce, a quien llamaban "El Mellizo," no estaba con ellos cuando se les apareció Jesús. 25Le dijeron, pues, los demás discípulos: "Hemos visto al Señor." Tomás les contestó: "Si no veo las señales dejadas en sus manos por los clavos y no meto mi dedo en ellas, si no meto mi mano en la herida abierta en su costado, no lo creeré." 26Ocho días después, se encontraban de nuevo reunidos en casa todos los discípulos de Jesús. Estaba también Tomás. Aunque las puertas estaban cerradas, Jesús se presentó en medio de ellos y les dijo: "La paz esté con ustedes." 27Después dijo a Tomás: "Acerca tu dedo y comprueba mis manos; acerca tu mano y métela en mi costado. Y no seas incrédulo, sino creyente." 28Tomás contestó: "¡Señor mío y Dios mío!" 29Jesús le dijo: "¿Has creído porque me has visto? Dichosos los que han creído sin haber visto."

Tomás tiene una función importante sólo en el Evangelio según San Juan. Habla en la muerte de Lázaro (11,16) y en la Última Cena (14,5). En cada situación su modo erróneo de interpretar las cosas sirve para resaltar la verdad en las palabras de Jesús. En esta escena de la resurrección, el escepticismo de Tomás lleva a una confirmación innegable de la realidad de la presencia de Jesús resucitado.

Los otros discípulos ya han visto al Señor resucitado y han creído en él, pero Tomás no acepta su testimonio. Al contrario, busca prueba visible y tangible de la resurrección. Su actitud es la misma de aquellos a quienes regañaba Jesús cuando dijo: "Si no ven signos y prodigios son incapaces de creer" (4,48). A todos los seguidores como esos, Jesús les dice: "No sean incrédulos, sino crean." Cuando Jesús le ofrece sarcásticamente a Tomás la prueba tangible que exige, Tomás llega ser un creyente.

El escepticismo de Tomás se desarrolla en una profesión suprema de fe cristiana: "¡Señor mío y Dios mío!" En el Evangelio según San Juan se le dan a Jesús muchos títulos: Verbo de Dios, Rabino, Mesías, Profeta, Rey de Israel, Hijo de Dios, y otros. Sin embargo nada más profundo podría decirse que la exclamación culminante de Tomás. Tomás se dirige a Jesús del mismo modo que Israel se dirigía a Yavé.

Hasta este punto, se ha llegado a creer en Jesús a través de la experiencia de verlo. Sin embargo, ahora el escritor del Evangelio habla de los seguidores de Jesús que creerán sin haberlo visto. Las últimas palabras de Jesús forman un contraste sobre las dos formas diferentes pero igualmente válidas de creer: el creer que resulta de verlo y el creer que resulta a través del testimonio de sus discípulos. A través de la presencia invisible de Jesús por medio del Espíritu Santo, ahora es posible tener un nuevo tipo de fe. Esta clase de creencia permitirá que todos los pueblos lleguen a conocer las bendiciones en el Señor Resucitado.

San Juan 20,30-31

Conclusión. [30]Jesús hizo en presencia de sus discípulos muchos más signos de los que han sido narrados en este libro. [31]Éstos han sido escritos para que ustedes crean que Jesús es el Mesías, el Hijo de Dios; y para que, creyendo, tengan en él vida eterna.

Estos versículos forman una conclusión a todo lo que ha sido relatado en el Evangelio según San Juan. El escritor afirma que su libro no puede ser un relato completo del ministerio de Jesús y no puede capturar la plenitud inagotable de lo que Jesús hizo. Los "signos" en el Evangelio según San Juan son los hechos maravillosos de Jesús que invitan a la fe a quien los contempla o al lector. San Juan interpreta siete de esos signos en los capítulos 1-12. Sin embargo, las apariciones de Jesús a sus discípulos deben ser también "signos" puesto que también atraen a los participantes a la decisión de creer o no creer. Los que creen penetran más allá de los hechos maravillosos, a una comprensión más perfecta de la verdad acerca de Jesús.

San Juan es el único evangelista que concluye con una declaración de propósito para su Evangelio. Está escrito para que los que no han visto puedan compartir la misma fe que los que han visto. La meta de esa fe es el comprender que Jesús es el Mesías, el Hijo de Dios. Es la misma fe que Martha profesó en la resurrección de Lázaro, el último de los siete signos de Jesús (11,27). Es sólo en él que Lázaro volvió a la vida. Es sólo cuando uno llega a creer que Jesús es realmente enviado de Dios, el verdadero Hijo de Dios, que uno puede recibir la vida verdadera; un regalo que viene solamente de Dios.

San Juan 21,1-14

La aparición a los Siete Discípulos. [1]Poco después, Jesús se apareció otra vez a sus discípulos junto al lago de Tiberíades. [2]Estaban juntos Simón Pedro, Tomás "El Mellizo", Natanael el de Caná de Galilea, los hijos de Zebedeo y otros dos discípulos. [3]En esto dijo Pedro: "Voy a pescar." Los otros dijeron: "Vamos contigo." Salieron juntos y subieron a la barca; pero aquella noche no lograron pescar nada. [4]Al clarear el día, se presentó Jesús en la orilla del lago, pero los discípulos no lo reconocieron. [5]Jesús les dijo: "Muchachos, ¿han

pescado algo?" Ellos contestaron: "No." [6]Él les dijo: "Echen la red al
lado derecho de la barca y encontrarán peces." Ellos la echaron, y la
red se llenó de tal cantidad de peces que no podían moverla. [7]Enton-
ces, el discípulo a quien Jesús tanto amaba le dijo a Pedro: "¡Es el
Señor!" Al oír Simón Pedro que era el Señor, se puso la túnica, pues
estaba sin ella, y se lanzó al agua. [8]Los otros discípulos llegaron
hasta la orilla en la barca, arrastrando la red llena de peces, pues no
era mucha la distancia que los separaba de tierra; tan sólo unos cien
metros. [9]Al saltar a tierra, vieron unas brasas, con peces colocados
sobre ellas, y pan. [10]Jesús les dijo: "Traigan ahora algunos de los
peces que acaban de pescar." [11]Simón Pedro subió a la barca y bajó a
tierra la red llena de peces; en total eran ciento cincuenta y tres peces
grandes. Y, a pesar de ser tantos, la red no se rompió. [12]Jesús les dijo:
"Vengan a comer algo." Ninguno de los discípulos se atrevía a pre-
guntarle: "¿Quién eres?," porque sabían muy bien que era el Señor.
[13]Jesús se acercó, tomó el pan en sus manos y lo repartió; y lo mismo
hizo con los peces. [14]Ésta fue la tercera vez que Jesús se apareció a
sus discípulos, después de haber resucitado de entre los muertos.

Generalmente se considera el último capítulo de San Juan como una añadidura al Evangelio original que terminaba con la poderosa afirmación de San Juan que la vida eterna en Dios llega sólo cuando uno cree que Jesús es enviado de Dios y es el Hijo de Dios (20,31). Hay suficientes características de estilo para convencernos que el escritor de este último capítulo no fue el escritor del núcleo del Evangelio. Sin embargo, también está claro que el escritor compartía el mismo mundo general del pensamiento de San Juan y unió este capítulo con los anteriores por medio de muchos paralelos teológicos y literarios. Debe de haberse añadido muy pronto por un discípulo del evangelista puesto que existe ya en un manuscrito muy antiguo y claramente es parte genuina del Evangelio canónico.

El capítulo pone más atención a los aspectos comunitarios de la resurrección de Jesús y resalta temas apropiados para la vida de la Iglesia. El autor trató de completar el Evangelio haciendo resaltar la misión apostólica de la Iglesia, la presencia eucarística del Señor, la autoridad pastoral de Pedro, y el papel del discípulo amado.

La escena empieza en el Mar de Tiberíades en Galilea donde el autor dice: "Jesús se apareció," e insiste: "se presentó Jesús;" lo que equivale a "se manifestó Jesús." Al principio del Evangelio, San Juan Bautista afirmó que todo el propósito de su ministerio era para que Jesús se "manifestara" a Israel (1,31). Jesús hizo su primer milagro en Caná para que se "manifestara" su gloria (2,11). Jesús curó al hombre ciego para que las obras de Dios pudieran "manifestarse" a través de él (9,3). En la Última Cena, Jesús oró al Padre: "Yo te he dado a conocer, [te he manifestado], a aquellos que tú me diste" (17,6). Cuando Jesús se manifestaba a través de sus obras y una vez más en su resurrección, estaba manifestando a Dios. Ahora el Evangelio termina cuando Jesús muestra la vida y el amor de Dios por la comunidad de los creyentes (1 Juan 1,2; 4,9).

Habiendo regresado a Galilea, los discípulos se ocupan nuevamente a hacer lo que mejor saben. Sin embargo, su pesca no tiene éxito, porque sin Jesús no pueden hacer nada (15,5). La futilidad de sus esfuerzos durante la noche, seguida de su tremendo éxito en la madrugada cuando Jesús está presente, continúa el contraste frecuente entre la luz y las tinieblas que se encuentra en todo el Evangelio.

Una vez más vemos la interrelación entre Pedro y el discípulo a quien Jesús amaba. El discípulo anónimo es el más perceptivo y reconoce a Jesús. Sin embargo, se presenta a Pedro como el que tiene el primer lugar en el ministerio apostólico. Es Pedro quien salta al mar, quien entrega la grande pesca, y quien recibe la comisión de Jesús.

La numerosa pesca representa simbólicamente la misión apostólica que Jesús da a la comunidad de sus discípulos (Lucas 5,10). El número de los peces, ciento cincuenta y tres, de alguna manera resalta la totalidad y universalidad de la misión. San Jerónimo piensa que había ciento cincuenta y tres variedades de pescado conocidas en aquel tiempo. La red que no se rompió, a pesar de la inmensa pesca, sugiere la unidad de la Iglesia. Cuando la red con los peces se lleva a la orilla por invitación de Jesús a comer, recordamos sus palabras: "Y yo una vez que haya sido elevado sobre la tierra, atraeré a todos hacia mí" (12,32). La gran pesca parece ser un equivalente simbólico de la comisión apostólica que Jesús da a sus seguidores al final del Evangelio según San Mateo: "Vayan y hagan discípulos de todos los pueblos" (28,19).

La comida en la orilla recuerda al lector la Eucaristía y la asocia con la presencia de Cristo resucitado. La descripción de la acción de Jesús con el pan y los peces es un eco del relato de San Juan de la comida que tuvo lugar después de la multiplicación de los panes y los peces (6,11). Ambas escenas acontecen cerca del Mar de Tiberíades, y a la escena de la multiplicación sigue el discurso de Jesús sobre la Eucaristía. Aquí los discípulos misioneros se reúnen con su gran pesca para compartir en el banquete de comunión preparado por el Señor resucitado.

San Juan 21,15-19

Jesús y Pedro. 15Después de comer, Jesús preguntó a Pedro: "Simón,
hijo de Juan, ¿me amas más que éstos?" Pedro le contestó "Sí, Señor,
tú sabes que te quiero." Entonces Jesús le dijo: "Apacienta mis corde-
ros." 16Jesús volvió a preguntarle: "Simón, hijo de Juan, ¿me amas?"
Pedro respondió: "Sí, Señor, tú ya sabes que te quiero." Jesús le dijo:
"Cuida de mis ovejas." 17Por tercera vez insistió Jesús: "Simón, hijo
de Juan, ¿me quieres?" Pedro se entristeció, porque Jesús le había
preguntado por tercera vez si lo quería, y le respondió: "Señor tú lo
sabes todo. Tú sabes que te quiero." Entonces Jesús le dijo: "Apa-
cienta mis ovejas. 18Te aseguro que cuando eras más joven, tú mismo
te vestías e ibas adonde querías; pero cuando seas viejo extenderás
los brazos y será otro quien te vestirá y te conducirá adonde no quie-
ras ir." 19Jesús dijo esto para indicar la clase de muerte con la que
Pedro daría gloria a Dios. Después le dijo: "Sígueme."

Ahora Jesús le da a Pedro toda su atención. El fuego de brasas recuerda el fuego en el patio donde Pedro había negado a Jesús (18,18). Las tres preguntas hechas a Pedro y sus contestaciones neutralizan su negación anterior; aquí sus respuestas fieles son una restauración simbólica de Pedro al discipulado. El amor devoto expresado aquí por Pedro hacia Jesús es la esencia del discipulado verdadero.

Los tres mandatos de Jesús a Pedro: "Apacienta mis corderos," lo establecen como el pastor del rebaño de Dios. A través del Antiguo Testamento se describe a Dios como el pastor de Israel (Ezeq 34; Salmo 23). Dios delega la autoridad por la comisión divina a los escogidos para pastorear al rebaño (2 Sam 5,2). El capítulo 10 del Evangelio según San Juan describe a Jesús como el buen pastor que guía a su rebaño y le extiende su cuidado personal y se sacrifica por ellos. Aquí Jesús le asigna a Pedro la responsabilidad del rebaño y lo comisiona a guiar al rebaño según su propio ejemplo. Esta clase de cuidado pastoral no acentúa el puesto superior del pastor, sino más bien su cuidado personal y su dedicación total al rebaño.

En su descripción del pastor modelo, Jesús dice: "El buen pastor da la vida por las ovejas" (10,11). Es particularmente significativo aquí el que la descripción de la muerte de Pedro sigue al mandato de cuidar a las ovejas. El martirio de Pedro probará la sinceridad de su amor puesto que Jesús había dicho: "Nadie tiene amor más grande que quien da la vida por sus amigos" (15,13).

Lo que dice Jesús en el versículo 18 probablemente era un proverbio que hablaba de la juventud y de la vejez. Aquí se aplica específicamente a la muerte de San Pedro. Cuando le quiten su libertad, San Pedro será llevado al lugar de la ejecución donde extenderá sus brazos y manos para la crucifixión. La muerte que "da gloria a Dios" es una expresión normal cristiana para decir el "martirio." Para el tiempo en que se escribió el Evangelio, el autor debía haber sabido que San Pedro murió la muerte de un mártir y, quizás aun más, que había sido crucificado en la Colina del Vaticano en Roma.

En la Última Cena, Pedro había le habia rogado a Jesús que le permitiera seguirlo. Jesús le respondió: "A donde voy, no puedes seguirme ahora, aunque me seguirás más tarde." Pedro discutía: "¿Por qué no puedo seguirte ahora? Entregaré mi vida por ti." Sabiendo que Pedro era incapaz de tal discipulado, Jesús predijo sus tres negaciones (13,36-38). Sin embargo, ahora, habiendo perdonado y capacitado a Pedro, Jesús le dice: "Sígueme." Solamente ahora es capaz Pedro del verdadero discipulado cuando sigue a Jesús hasta el punto de entregar su vida por él.

San Juan 21,20-23

El discípulo amado. 20Pedro miró alrededor y vio que, detrás de
ellos, venía el otro discípulo al que Jesús tanto amaba, el mismo que
en la última cena estuvo reclinado sobre el pecho de Jesús y le había
preguntado: "Señor, ¿quién es el que te va a entregar?" 21Cuando
Pedro lo vio, preguntó a Jesús: "Señor, y éste ¿qué?" 22Jesús le con-
testó: "Si yo quiero que él permanezca hasta que yo venga de nuevo,
¿a ti qué? Tú, sígueme." 23Estas palabras fueron interpretadas por
los hermanos en el sentido de que este discípulo no iba a morir. Sin
embargo, Jesús no había dicho a Pedro que aquel discípulo no
moriría, sino: "Si yo quiero que él permanezca hasta que yo venga
de nuevo, ¿a ti qué?"

La atención regresa ahora al discípulo a quien Jesús amaba. Al responder a la pregunta de Pedro, Jesús dice que el otro discípulo también tiene un destino especial. En contraste con la muerte prematura de Pedro, el discípulo amado debe de seguir viviendo. Su testimonio, al vivir una larga vida amando fielmente, es una forma de discipulado tan válida como la de Pedro.

La declaración del autor que Jesús no había dicho que el discípulo amado no moriría, fue ocasionada probablemente por la muerte, o la muerte inminente, del discípulo. La comunidad para la cual se escribió el Evangelio debe haber estado profundamente perturbada, particularmente si habían pensado que él no moriría. El discípulo amado debe haber sido, de entre los primeros discípulos, uno de los últimos en morir. Esta muerte de la generación apostólica fue un reto para la fe de muchos, puesto que creían que Jesús debía de regresar antes de que ésto sucediera.

San Juan 21,24-25

> **Conclusión.** [24]Éste es el discípulo que da testimonio de todas estas cosas y las ha escrito. Y nosotros sabemos que dice la verdad. [25]Jesús hizo muchas otras cosas. Si se pusieran todas por escrito, pienso que ni en el mundo entero cabrían los libros.

Los últimos versículos del Evangelio manifiestan claramente que la importancia del discípulo amado no está en su vida contínua, sino en su testimonio de la buena nueva. Es su testimonio fidedigno lo que forma la base segura del presente Evangelio. Su testimonio es "verdadero" no sólo por su presencia personal durante el ministerio de Jesús, sino también porque se trata de Jesús quien es la verdad (14,6). Es un "testimonio" no sólo porque viene de un testigo fidedigno, sino porque el Espíritu de la verdad da testimonio de Jesús (15,26).

El comentario es una exageración literaria que explica por qué no se ha tratado de incluir todo lo que Jesús hizo. Ningún libro puede ni empezar a expresar el significado de la vida de Jesús y su plenitud infinita para nosotros. Las palabras del Evangelio según San Juan nunca podrían contener al Verbo hecho carne que es para siempre el camino, la verdad, y la vida.